白居易传

戚飞虎 —— 著

也有"诗魔"和"诗王"之称

我生本无乡,心安是归处

半生流离,一世执着

人生苦多,且以诗情慰凉薄

怜君寂寞意,携酒一相寻

他是唐代诗坛巨擘之一

一首《长恨歌》历经千余年,依旧惊艳,流传至今

"长恨春归无觅处",品读白居易,看大唐兴衰史

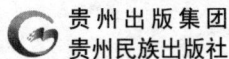

贵州出版集团
贵州民族出版社

图书在版编目（CIP）数据

白居易传 / 戚飞虎著. -- 贵阳：贵州民族出版社，2025.5. -- ISBN 978-7-5412-3063-9

Ⅰ．K825.6

中国国家版本馆CIP数据核字第2025JV6039号

白居易传

戚飞虎　著

出版发行：贵州民族出版社
地　　址：贵阳市观山湖区会展东路贵州出版集团大楼
邮　　编：550081
印　　刷：三河市天润建兴印务有限公司
开　　本：880 mm × 1230 mm　1/32
版　　次：2025年5月第1版
印　　次：2025年5月第1次印刷
印　　张：10
字　　数：180千字
书　　号：ISBN 978-7-5412-3063-9
定　　价：49.80元

版权所有·翻印必究

前　言

"不疯魔不成活",这是京剧业内的一句行话。古往今来的艺术大家,也唯有此等匠心和这般痴迷,方才成就一番事业。我常常忍不住思考:一个人到了什么样的状态才算"疯魔",而一个被尊称为"诗魔"的人又该是什么模样?"酒狂又引诗魔发,日午悲吟到日西。"捧读白居易的诗时,我带着这样的疑问走进他的世界。

唐代宗大历七年(772年),此时,大唐盛世的身影已渐渐远去。这一年,时任徐州别驾的白季庚给出生的儿子取名为"白居易",语出《中庸》"故君子居易以俟命"。这一年,被后世称颂的"诗圣"杜甫离世两年,而大唐最为飘逸洒脱的"谪仙人"李白已经走了整整十年。

历史按照它固有的脚步朝前行进着,日复一日,年复一年。唐诗依旧是人们心头的白月光,它总会在人们的灵魂需要抚慰时一次次地悄悄升起，唤起人们心底最柔软的思念。

也许，李杜之后，每个人都曾在心里期待过下一个诗之大家会是谁。这个人会书写怎样的诗歌传奇，会讲述怎样的人生故事，又会与时代擦出怎样的火花？也许，当时的所有人都不会想到七十四年后，大唐的第十八任皇帝会写诗悼念一个叫白居易的诗人。

缀玉联珠六十年，谁教冥路作诗仙。
浮云不系名居易，造化无为字乐天。
童子解吟长恨曲，胡儿能唱琵琶篇。
文章已满行人耳，一度思卿一怆然。

李忱《吊白居易》

也许，也许……我们的心底有太多的也许，可是历史从来不会因为人们的揣度而发生改变。

这个叫白居易的诗人从小就天资聪颖，他三岁识字，五岁诵诗文，十来岁就能写诗。他更是勤奋苦读，"昼课赋，夜课书，间又课诗，不遑寝息矣。以至于口舌成疮，手肘成胝"。

十六岁时，他便以一首《赋得古原草送别》名动京城，其中"又送王孙去，萋萋满别情"。二十九岁时，他就进士登第——"慈恩塔下题名处，十七人中最少年"。五十八岁时，他于大隐、小隐间选择了中隐，隐在留司官——"似出复似处，非忙亦非闲"。晚年，他更是官至太子少傅、刑部尚书。只是，他的心早已远离政治风浪，于洛阳的宅院里，他每日以诗酒会友："谁知将相王侯外，别有优游快活人。"

他的一生历经大唐九位皇帝，从以天下兵马元帅名义先后收复长安、洛阳的唐代宗，到"精于听断，而以察为明，无复仁恩之意"的唐宣宗，九代帝王一位位华丽隆重地登场又一个个黯然谢幕。他目睹着唐朝的背影愈发佝偻，步履愈发蹒跚，他听闻盛世没落后无休无止的嘈杂之音：藩镇割据、宦官专权、朋党之争。

他为流离失所的百姓大声疾呼："文章合为时而著，歌诗合为事而作。"只是盛唐的气象已消失殆尽，本着经世济民情怀的他，在历经宦海浮沉后终感悟了乐天知命的真谛——"人生处一世，其道难两全"。

他亦有所爱之人，青梅竹马、两小无猜，却未能比翼双飞——"暝色无边际，茫茫尽眼愁"。即使在晚年，他也没能享受儿孙承欢膝下的天伦之乐——"穷冬月末两三日，半百年过六七时"。七十五岁的他，终于在香山寺悠长空灵的钟声里走完了他传奇的一生——"人言世事何时了，我是人间事了人"。他的文名妇孺皆知——"文章已满行人耳，一度思卿一怆然"。他的文集远播海外——"琴诗酒伴皆抛我，雪月花时最忆君"。

手捧白居易的诗文，我忽然发现一千多年前的他竟然那般真实，真实得令人动容。静谧的冬夜里，白居易仿佛穿越千年的时光缓缓地朝我走来,娓娓诉说着一个关于"诗魔"的传奇故事。

故事要从唐大历七年(772年)开始说起。这一年,距安史之乱结束已八年有余;这一年,统治阶级内部仍然矛盾重重;这一年,藩镇割据,宦官专权,依旧纷乱不休。这一年的秋天,路过东都洛阳的草书大家怀素拜访了楷书大家颜真卿,僧儒论书,一时传为书坛佳话。这一年,时任徐州别驾的白季庚处理完烦冗的政事后甚是开心,因为妻子陈氏又给白家喜添了一名男丁……

目 录

第一卷 家世应传清白训

第一节 源远书香脉 ………………………… 1

第二节 寂寞天宝后 ………………………… 6

第三节 父母婚姻说 ………………………… 17

第四节 居易以俟命 ………………………… 19

第五节 略识"之"与"无" …………………… 23

第六节 爱子心无尽 ………………………… 30

第七节 不轻寸光阴 ………………………… 34

第二卷 谁忍相思不相见

第一节 彭城列九州 ………………………… 40

第二节 男儿带吴钩 ………………………… 43

第三节　两小无嫌猜 …………… 46

　　第四节　他乡作故乡 …………… 51

　　第五节　相思无尽处 …………… 61

　　第六节　为母终成婚 …………… 69

　　第七节　恨极在天涯 …………… 74

第三卷　天长地久有时尽

　　第一节　偶作仙游客 …………… 81

　　第二节　此地重徘徊 …………… 87

　　第三节　霓裳羽衣舞 …………… 91

　　第四节　待月长生殿 …………… 96

　　第五节　解吟长恨曲 …………… 102

　　第六节　多情空余恨 …………… 109

　　第七节　相思入梦来 …………… 113

第四卷　更结来生未了因

　　第一节　相逢方一笑 …………… 116

　　第二节　无语怨东风 …………… 120

目 录

第三节　一谢永销亡 …………………… 127

第四节　念天地之悠 …………………… 131

第五节　岁寒知松柏 …………………… 136

第六节　天涯断肠人 …………………… 141

第七节　唯不忘相思 …………………… 147

第五卷　世人谓我恋长安

第一节　红叶寄相思 …………………… 154

第二节　未可轻年少 …………………… 159

第三节　萤窗万卷书 …………………… 167

第四节　致君尧舜上 …………………… 172

第五节　文章为时著 …………………… 182

第六节　司马青衫湿 …………………… 191

第七节　桃李种新成 …………………… 210

第六卷　行尽江南数千里

第一节　半朽临风树 …………………… 218

第二节　治水天同功 …………………… 222

第三节　行吟白沙堤 …………… 226

　　第四节　最忆是杭州 …………… 231

　　第五节　君到姑苏见 …………… 235

　　第六节　十里随舟行 …………… 240

　　第七节　山水乐其志 …………… 244

第七卷　去似朝云无觅处

　　第一节　唯此中隐士 …………… 250

　　第二节　结缘香山寺 …………… 255

　　第三节　观甘露之变 …………… 269

　　第四节　一声阿弥陀 …………… 276

　　第五节　好歌亦好酒 …………… 285

　　第六节　诗名满天下 …………… 290

　　第七节　人间事了人 …………… 296

结　语 …………………………………… 301

附录　白居易年谱 ……………………… 303

第一卷
家世应传清白训

第一节　源远书香脉

"稻米流脂粟米白，公私仓廪俱丰实。"杜甫诗中描绘的大唐盛景渐渐成为人们美好的回忆。暗流涌动的朝局下，那个早年励精图治的开元皇帝已不见了踪影。金碧辉煌的大明宫里，也只能听到萦绕于雕梁画栋间的贪声逐色之声。

三月三日天气新，长安水边多丽人。

态浓意远淑且真，肌理细腻骨肉匀。

绣罗衣裳照暮春，蹙金孔雀银麒麟。

头上何所有？翠微㔩叶垂鬓唇。

背后何所见？珠压腰衱稳称身。

就中云幕椒房亲，赐名大国虢与秦。

紫驼之峰出翠釜，水精之盘行素鳞。

犀箸厌饫久未下，鸾刀缕切空纷纶。

黄门飞鞚不动尘，御厨络绎送八珍。

箫鼓哀吟感鬼神，宾从杂遝实要津。

后来鞍马何逡巡，当轩下马入锦茵。

杨花雪落覆白蘋，青鸟飞去衔红巾。

炙手可热势绝伦，慎莫近前丞相嗔。

杜甫《丽人行》

河南新郑位于中原腹地，上古即被称为"有熊之地"。传说这里就是黄帝轩辕的故里。这个黄河南岸的华夏故邦，自古以来便是风光旖旎、人杰地灵的宝地。

时任河南巩县县令的白锽对这片土地万分中意。好几年前，他便拿出了自己微薄的薪俸在新郑的东郭村购置了一所宅邸。老人家的心愿自然是朴素的，他希望给子孙后代一个安身之地，护佑白氏宗族一脉无灾无难、平平安安。

历史上关于"白姓起源说"一直争论不休，根据后来白居易为祖父白锽写的《故巩县令白府君事状》，我们从中找到了下面这样的记述。

白氏芈姓，楚公族也。楚熊居太子建奔郑，建之子胜，

第一卷 家世应传清白训

居于吴、楚间,号白公,因氏焉。楚杀白公,其子奔秦,代为名将,乙丙已降是也。裔孙曰起,有大功于秦,封武安君。后非其罪,赐死杜邮,秦人怜之,立祠庙于咸阳,至今存焉。及始皇思武安之功,封其子仲于太原,子孙因家焉,故今为太原人。

自武安以下,凡二十七代,至府君。高祖讳建,北齐五兵尚书,赠司空。曾祖讳士通,皇朝利州都督。祖讳志善,朝散大夫、尚衣奉御。父讳温,朝请大夫、检校都官郎中。公讳锽,字确钟,都官郎中第六子。幼好学,善属文,尤工五言诗,有集十卷。年十七,明经及第,解褐授鹿邑县尉、洛阳县主簿、酸枣县令。理酸枣,有善政。

本道节度使令狐彰知而重之,秩满,奏授殿中侍御史、内供奉、赐绯鱼袋,充滑台节度参谋。军府之要,多咨度焉。居岁余,公尝规彰之失,彰不听,公因留一书移彰,不辞而去。明年,选授河南府巩县令。在任三考。自鹿邑至巩县,皆以清直静理闻于一时。

公为人沉厚和易,寡言多可,至于涉是非,关邪正者,辨而守之,则确乎其不可拔也。大历八年五月三日,遇疾,殁于长安,春秋六十八。以其年权厝于下邽县下邑里。夫人河东薛氏。夫人之父讳傲,河南县尉。大历十二年六月十九日,殁于新郑县私第,享年七十。以其年权窆厝于新郑县临渭里。公有子五人：长子讳季庚，襄州别驾，事具后状。次讳季般，徐州沛县令。次讳季轸，许州许昌县令。次讳季宁，河南府参军。次讳季平，乡贡进士。元和六年十月八日，孙居易等始发护灵榇，迁葬于下邽县北义津乡北原而合祔焉。谨状。

白居易《故巩县令白府君事状》

这样看来，白氏远祖原是楚公族白公胜。从先祖到白锽这一族自然也传承了书香之气。

白季庚，白锽的长子，生于书香门第，自幼饱读诗书。天宝十三年（754年），他一举得中明经一科。白季庚脱掉布衣，穿上了官服。此刻，他已是萧山县尉，大唐王朝的一个臣子。

说起明经科考，它是唐朝选拔人才的一种方式，这和当代社会的一些选才方式有相似之处。细究明经科考和进士科考，两者间有着很大的差别。

据《新唐书·选举志》记载："凡明经，先帖文，然后口试，经问大义十条，答时务策三道，亦为四等……凡进士，试时务策五道，帖一大经，经、策全通为甲第；策通四、帖过四以上为乙等。"这样看来，明经科侧重对九经的记诵，而进士科在考察经书外，还侧重考察诗赋和时务策论，对参试者的政治洞见要求较高。

《通典》中记载："其进士，大抵千人得第者百一二；明经倍之，得第者十一二。"可见，唐朝进士科的录取率低，明经科的录取率则相对高了很多。

我们在这里多说了些明经科考和"进士"科考两者的区别，其实也是想让大家将其和四十六年后作参照。因为，四十六年后的公元800年，白季庚的儿子白居易进士科及第。正所谓"诗赋传千古，峨眉共比高"！

此时的白季庚放眼望去，白氏宅邸在一片田园之中如此安静。门前的小河潺潺东流，清澈的河底，鱼儿自由自在地跳着春天的舞曲。青翠的柳枝上，两只黄鹂快活地唱着春日的赞歌。可即便眼前是如此宁静的田园风光，白季庚的心却始终安定不下来。

天宝十四年（755年）的十二月，安禄山联合史思明在范阳起兵，两叛贼以诛杀杨国忠为名发动安史之乱。叛军所到之处势如破竹，懦弱的守军溃不成军，无能的官吏更是望风而逃。

一想到国家危难如此却没有御敌之策，白季庚怒火中烧。他内心的赤诚热血已然沸腾——"弃身锋刃端，性命安可怀"？白季庚虽为文官却慷慨上书朝廷，"捐躯赴国难，视死忽如归"。此刻，风雨飘摇的大唐朝廷正是用人之际，欣然许了白季庚一个左武卫兵曹参军之职。

身为一名文官，白季庚却不畏生死，奔赴战场，如此一番壮士断腕的豪情令人钦佩。诗书传道，刀剑养士，血脉相连的骨肉

里，白季庚的一腔热血无疑在白氏后人的血脉中流淌传承……

　　岂曰无衣？与子同袍。

　　王于兴师，修我戈矛。与子同仇！

　　岂曰无衣？与子同泽。

　　王于兴师，修我矛戟。与子偕作！

　　岂曰无衣？与子同裳。

　　王于兴师，修我甲兵。与子偕行！

《诗经·秦风·无衣》

第二节　寂寞天宝后

　　唐肃宗至德二年（757年），以张巡为首的河南节度副使率领民众英勇抵抗安禄山叛军，进行了睢阳保卫战。这一保卫战意义非凡，唐军因此取得反攻的战机，大将郭子仪也得以顺利收复"两京"。经此一战，叛军疲弱之势尽显，想要继续南下已属痴心妄想。

　　战场上的失利让安禄山的情绪变得异常暴躁，在身体原因（眼患）的刺激下，安禄山对随身侍卫更是拳打脚踢，就连最为亲近的严庄和李猪儿二人也未能幸免。毫无缘由地鞭打让严、李二人心里积攒的怨气越来越重，口中的不满越来越多。

第一卷　家世应传清白训

耳目心腹积怨尚且如此深重，安禄山的亲儿子安庆绪也是忧思愤懑。安禄山宠幸的段氏生下一名男丁，安禄山将所有的宠爱都给了这个孩子，甚至动了立其为接班人的念头。安庆绪是看在眼里急在心里。整夜无法入眠后，安庆绪终于动了歹念。

这一年的正月初五，一直饮酒作乐至子时的安禄山像往日一样呼呼睡去。没过半个钟头，李猪儿、严庄、安庆绪三人悄然来到他的卧榻旁。左右侍卫见三人手持大刀，目露凶光，竟不敢动弹半分。安庆绪朝李猪儿使了使眼神，说时迟那时快，李猪儿对准安禄山的腹部上来就是一刀，顿时鲜血迸流。被疼醒的安禄山下意识地伸手向床头摸刀却一无所获。三人已早早做好准备，今日定要置安禄山于死地。

惊慌失措的安禄山跌跌撞撞，意欲呼喊侍卫救命，却被不紧不慢赶上的三人三刀齐下。一时间鲜血浸染了寝殿的地板，五十五岁的安禄山死不瞑目。

"可怜红颜总薄命，最是无情帝王家。"兄弟相残、父子相疑，为了能顺利篡位，安庆绪、李猪儿、严庄三人连夜秘密处理了安禄山的尸身。

一夜的忙碌后，第二天的朝阳如期而至。空旷的大殿上传来了严庄响亮的宣告声：先帝病危，将安庆绪立为太子，朝廷一切事务皆由太子主持，任何人不得临朝干政。

诏书宣告的次日，迫不及待称帝即位的安庆绪尊奉安禄山

为太上皇,在宣告安禄山驾崩的讯息后,火速发了国丧。

这一年的二月,唐肃宗南巡至凤翔时,才得知叛军发生如此内讧。在唐廷和回纥联姻之后,大将郭子仪联合回纥三千骑兵将叛军杀得片甲不留。弑父自立不久的安庆绪率领残余部队由东京洛阳一路东逃西窜。

逃至滏阳县界后,叛军士卒已不足一千人,骑兵仅三百名。他们要面对的是士卒一万、军马三百的河东节度使李光弼的精锐守军。可即便力量如此悬殊,垂死挣扎的安庆绪竟也杀出一条血路,仓皇逃进了相州城。

乾元元年(758年),在安庆绪阴谋诡计的操控下,安伪政局得以暂时稳定。在被围困的日子里,安庆绪每日纵情享乐。仅仅一年的时间,城内物价飞涨,民不聊生。一斗米的价格飙升至七万多钱,百姓无粮可买,易子而食的惨象随处可见。

这年的三月,郭子仪大军见攻城迟迟不成,索性撤军南退。安庆绪趁机收了郭子仪军中剩余粮草。此时的安庆绪多少有些得意忘形,痴心妄想的他竟想借此来要挟抵御史思明的军队。

早已听闻风声的史思明一面假装毫不知情,一面设计将安庆绪诱骗至自己的军营。当看到军营中全副武装的侍卫时,安庆绪知道自己的末日就在眼前。他涕泪满面赶紧磕头称臣,可心狠手辣的史思明没有手下留情。史思明对着安庆绪破口大骂:"汝身为将军,却弃甲曳兵,不顾长安洛阳;作为儿子,却弑父夺位，实属大逆不道，天理难容！"说罢，便令手下将安庆绪处以绞刑。

绞杀安庆绪后，史思明接着诛杀了崔乾佑等人，将安伪政权的羽翼一一折断。随之，史思明率领大军进逼邺城，一举击败安伪亲军，将其地盘与降兵一起收入囊中。留下儿子史朝义镇守相州后，史思明耀武扬威地返归范阳，其狼子野心昭然若揭。

乾元二年（759年）四月，史思明改元"顺天"，在范阳自立为"大燕应天皇帝"，范阳随之被改称为"燕京"。之后，史思明的妻子辛氏被立为皇后，史朝义坐上怀王的宝座。

人心不古，行止不端；一时为恶，必有后患。恶人的结局终究是自食恶果，安禄山、安庆绪如此，史思明自然也没能逃脱这样的结局。

登基称帝的史思明意欲冲破唐军的围剿却屡屡受挫。随着怀州被李光弼收复和安太清、令狐彰的接连投降，史思明越发陷入孤立无援的境地。

上元元年（760年）十一月，本来相对和平稳定的江淮却爆发了震惊朝廷的刘展之乱，一时间牵绊住了唐军平定安史叛军的脚步。史思明意欲趁机偷袭淮西各州，却遭到了唐军的奋力阻击，最终未能成功。

在两军拉锯战中，一年的时光悄然而逝。来年春日，唐肃

宗下诏李光弼，令其速速收复洛阳。这些年一直和叛将作战的李光弼深知此时并非进攻的绝佳时机，可奈何军令如山，再加上朝中奸臣的谗言，明知不可为的李光弼只得与仆固怀恩率军强攻洛阳。

上元二年（761年）二月，李光弼提出于险地进行伏击的作战计划，却遭到了仆固怀恩的坚决反对。最终，唐军中了史思明在山林中设下的埋伏，死伤数千人。屋漏偏逢连夜雨，又传来怀州被叛军攻占的消息。朝廷闻讯，震惊不已。

能打败宿敌李光弼，史思明多少有点忘乎所以。得意洋洋的他，遂令史朝义为前锋进击陕州，自己则亲率大军由南道进攻。

"自古骄兵多致败，从来轻敌少成功。"史朝义一部遭到了卫伯玉军的疯狂阻击，只得节节败退至永宁。闻讯的史思明恼羞成怒，声称要杀子以立军威。为了抵御唐军的反扑，史思明限期让史朝义在一天内修完用于防御的城墙。

经过将士们一日昼夜的努力，墙的外体终于修筑完毕，可还未来得及上泥，巡视至此的史思明对着史朝义又是一顿破口大骂："等我攻下陕州的那一日，就是你的死期！"

叩头谢罪的史朝义战战兢兢，他深知父亲的话并非一时气话。因为史朝义平日里体恤下属，深得将士们拥戴，而其父史思明猜忌多疑，听信谗言。此外，史思明更是对史朝义弟弟史

第一卷　家世应传清白训

朝清偏爱有加，杀掉他史朝义、立史朝清为太子的念头也并非一时的心血来潮。

此刻，惊慌失措的不止史朝义一人，其心腹大将蔡文景等人听闻此言，也趁机劝说史朝义共谋大事："将军，大王逼我们到如此绝境，不如趁早起事。将军若不能当机立断，我等只能归顺唐军。"

史朝义思忖许久，望着几位下属坚定的眼神，终于长长叹了一口气，决定起事。于是，几人当即来到营帐中，密谋起事。

这天傍晚时分，骆悦等大将率领史朝义的亲兵三百人悄悄埋伏在史思明的大帐之外。

此时此刻，一种不祥的预感就像一把即将坠落的利剑让史思明的内心充满了不安。从噩梦中醒来的史思明呆呆地坐在床头一动不动。身旁侍卫连忙追问原因，史思明没有理会，他径直向厕所走去。

眼见夜色越来越深，骆悦等人便提刀入帐，刚好与史思明撞个满怀。见此状况，史思明拔腿跑到马厩，意欲上马奔逃，不料被骆悦一箭射中臂膀。之后，骆悦等人将史思明押送至柳泉驿。

为了顺利完成计划，骆悦等人未上报史朝义而将史思明活活勒死。曾经的"大燕应天皇帝"估计永远不会想到自己会落得如此结局吧。

眼看局面已经到了无法挽回的地步，史朝义顺水推舟伪造了史思明的遗诏。借着假遗诏，史朝义得以顺利继承"大燕帝位"，改元"显圣"。

《新唐书》载："彼能以臣反君，而其子亦能贼杀其父，事之好还，天道固然。"

宝应二年（763年），这一年的春天似乎比往年来得早了些。岸边的杨柳吐出了绿丝，小草竞相冒出尖儿，和煦的春风吹来了花草的香甜，轻巧的燕子呢喃着春日的喜悦。

这一年，史朝义的部下李怀仙终究还是献了范阳投降朝廷，叛军最后的统领史朝义也已无路可逃，他选择了在林中"自挂"。既然贼王已死，部下叛将也随之缴械投降。这一场历时七年多的安史之乱终于画上了句号。

朱门肉臭寒骷髅，广厦安得庇冷衣？这一场安史之乱使唐朝元气大伤。自此，盛唐开始走向衰落。连年战乱之后，曾经的盛世江山已是满目疮痍。流离失所的百姓在哭声中找寻着失去的家园。战乱之后，国库空虚，朝廷为维持开支，不断向百姓加征赋税。百姓苦不堪言，不得不聚啸山林，与朝廷对抗。边疆的吐蕃见此局势，又一次次乘虚而入。疲惫的唐朝内忧外患，举步维艰。

客行新安道，喧呼闻点兵。
借问新安吏："县小更无丁？

第一卷　家世应传清白训

府帖昨夜下，次选中男行。

中男绝短小，何以守王城?"

肥男有母送，瘦男独伶俜。

白水暮东流，青山犹哭声。

莫自使眼枯，收汝泪纵横。

眼枯即见骨，天地终无情！

我军取相州，日夕望其平。

岂意贼难料，归军星散营。

就粮近故垒，练卒依旧京。

掘壕不到水，牧马役亦轻。

况乃王师顺，抚养甚分明。

送行勿泣血，仆射如父兄。

——杜甫《新安吏》

暮投石壕村，有吏夜捉人。

老翁逾墙走，老妇出门看。

吏呼一何怒！妇啼一何苦！

听妇前致词：三男邺城戍。

一男附书至，二男新战死。

存者且偷生，死者长已矣！

室中更无人，惟有乳下孙。

有孙母未去，出入无完裙。

老妪力虽衰,请从吏夜归。

急应河阳役,犹得备晨炊。

夜久语声绝,如闻泣幽咽。

天明登前途,独与老翁别。

——杜甫《石壕吏》

士卒何草草,筑城潼关道。

大城铁不如,小城万丈余。

借问潼关吏:"修关还备胡?"

要我下马行,为我指山隅:

"连云列战格,飞鸟不能逾。

胡来但自守,岂复忧西都。

丈人视要处,窄狭容单车。

艰难奋长戟,万古用一夫。"

哀哉桃林战,百万化为鱼。

请嘱防关将,慎勿学哥舒!

——杜甫《潼关吏》

兔丝附蓬麻,引蔓故不长。

嫁女与征夫,不如弃路旁。

结发为君妻,席不暖君床。

暮婚晨告别,无乃太匆忙。

君行虽不远,守边赴河阳。

妾身未分明，何以拜姑嫜？
父母养我时，日夜令我藏。
生女有所归，鸡狗亦得将。
君今往死地，沉痛迫中肠。
誓欲随君去，形势反苍黄。
勿为新婚念，努力事戎行！
妇人在军中，兵气恐不扬。
自嗟贫家女，久致罗襦裳。
罗襦不复施，对君洗红妆。
仰视百鸟飞，大小必双翔。
人事多错迕，与君永相望！

——杜甫《新婚别》

寂寞天宝后，园庐但蒿藜。
我里百余家，世乱各东西。
存者无消息，死者为尘泥。
贱子因阵败，归来寻旧蹊。
久行见空巷，日瘦气惨凄。
但对狐与狸，竖毛怒我啼。
四邻何所有？一二老寡妻。
宿鸟恋本枝，安辞且穷栖。
方春独荷锄，日暮还灌畦。

县吏知我至，召令习鼓鞞。

虽从本州役，内顾无所携。

近行止一身，远去终转迷。

家乡既荡尽，远近理亦齐。

永痛长病母，五年委沟溪。

生我不得力，终身两酸嘶。

人生无家别，何以为蒸黎。

——杜甫《无家别》

四郊未宁静，垂老不得安。

子孙阵亡尽，焉用身独完？

投杖出门去，同行为辛酸。

幸有牙齿存，所悲骨髓干。

男儿既介胄，长揖别上官。

老妻卧路啼，岁暮衣裳单。

孰知是死别，且复伤其寒。

此去必不归，还闻劝加餐。

土门壁甚坚，杏园度亦难。

势异邺城下，纵死时犹宽。

人生有离合，岂择衰老端。

忆昔少壮日，迟回竟长叹。

万国尽征戍，烽火被冈峦。

积尸草木腥,流血川原丹。

何乡为乐土?安敢尚盘桓?

弃绝蓬室居,塌然摧肺肝。

——杜甫《垂老别》

第三节 父母婚姻说

从天宝十四年(755年)投笔从戎算起,白季庚已在沙场历练近八年。八年的时间,他已从一名一心只读圣贤书的儒生变成无惧生死的沙场将领。

此刻,年过四十的白季庚也要慎重考虑自己的婚姻大事。父母之命,媒妁之言。在家人的安排下,白季庚迎娶了聪慧貌美的陈氏为妻。

从白季庚成婚到一千多年后的今天,白季庚和妻子陈氏的这段婚姻一直是历代文人墨客茶余饭后谈论的焦点。中国近现代国学大家罗振玉在《贞松老人遗稿》中就指出,白季庚和陈氏是舅舅和外甥女的关系。晚罗振玉三十年的另一位国学大师陈寅恪对史料进行反复研究和探讨后,也坚定不移地支持这个说法。

观点有相同,自然也就会有不同。20世纪60年代,学者岑仲勉经过考证提出：白季庚和陈氏"不过是中表结婚，绝非舅甥联姻"。

无论白季庚和陈氏是如罗振玉、陈寅恪所言的舅甥联姻，还是如岑仲勉所言的中表结婚，在这段男女相差二十六岁的婚姻中，历史真相里那些细枝末节究竟如何，如今的我们早已不得而知。

我们能做的或许就是从史册的记载中，搜寻些许可能的蛛丝马迹，去看看这桩婚姻对我们故事的主人公——他们的儿子白居易的一生有着怎样的影响。

婚后一年，四十三岁的白季庚甚是开心，因为十六岁的妻子陈氏给白家喜添一名男丁。他给孩子取名为幼文，希望孩子将来能继续以诗礼传家。

白家的血脉有了传承，身为人父，他自是万分喜悦。在担起家庭责任的同时，白季庚也一直恪守着一位大唐朝臣的职责。

大历七年（772年），白季庚担任宋州司户参军。这个负责招募士兵以及搜集战备物资的职务，白季庚做得认真且细致。这一日，白季庚正像往常一样出门登记粮草，又一个喜讯从天而降，他的第二个儿子出生了。

　　天上吹箫玉作楼，蟠桃熟后更无忧。
　　内家报喜车凌晓，太史占祥斗挂秋。
　　龙得一珠应献佛，虎生三日便吞牛。

>鲁元福禄何人似，坐见张敖数子侯。
>
>秦观《庆张君俞都尉留后得子》

第四节　居易以俟命

喜出望外的白季庚即刻告了官假，跃上快马一路朝家飞奔。虽说此时已过冬日，可迎面扑来的空气里满是春寒料峭的味道。此刻的白季庚早已顾不得这些，虽然他已有了一个儿子，可是看着家族人丁兴旺、香火鼎盛，这份快乐自是不言而喻。

待到仆人将马绳系好，白季庚已一个箭步冲到了妻子面前。如果第一个孩子带给白季庚的是家庭该有的样子，那么，第二个孩子是给幸福的平淡生活又添了一份喜悦。在稍稍平复自己激动的心情后，再为人父的白季庚便认真思考起来："该给孩子取个什么名字呢？"

自古以来，中国人对给孩子取名都是极为慎重的，因为名字里总是寄托着父辈殷切的期望和美好的祝愿。细细探究，我们就会发现一个好的名字不仅有对华夏易理的探索，更饱含着无比深厚的文化底蕴。

《通志·氏族略》中记载："三代之前，姓氏分而为二，男子称氏，妇人称姓。"姓与氏一起组成了如今的姓氏，而取名便

是姓氏文化的重要组成部分。

其实，每个朝代的"姓名"也都烙上了鲜明的特色。崇尚天命的夏商时期，君王将名与天干相靠拢。我们所熟知的"大甲""天乙""武丁"等人名，无不显示着夏商人民对神灵的敬畏。

等到周天子成为天下之主后，周人开始制定"公食贡，大夫食邑，士食田，庶人食力，工商食官，皂隶食职"的等级分明的社会制度。周人在取名上也开始慢慢摆脱赋予其神性。在"名"之外，开始出现"字""谥号"等称呼。

我们耳熟能详的后稷，他的名字就有这样一段传奇。

传说有一天姜嫄在田野中行走，忽然，一双巨人的脚印出现在她眼前。深感好奇的姜嫄一脚踩了下去。出乎意料的是，没过几天，她的肚子就鼓起来了。

数月之后，姜嫄顺利诞下了一名男婴。可姜嫄认为这个孩子来得太不吉利了，便把孩子扔在了闹市的弄巷。出人意料的是，途经此地的所有人和牲畜都悄悄地绕道而行。狠心的姜嫄又把孩子接连扔进了深山老林，扔在了江河险滩之上。可每次这个孩子都似有神助，一次次地化险为夷。

历经种种，母亲姜嫄也认为这个孩子是上天送来的礼物，最终还是把孩子抱回去养大，并给孩子取名"弃"。

根据孩子出生时的与众不同而这样取名的例子还有很多，

如郑庄公出生时因母亲难产，取名"寤生"；生而"首上圩顶"的孔子，取名"丘"……

《礼记·曲礼》中记载："男子二十，冠而字。"依据周礼，在举行成人礼之际，长辈会在受礼者的"名"后再取一"字"，作为对"名"的注释或补充。

在古代，无论是长辈或平辈，一般都不会直呼其名，而是称其"字"。"字"也不是随心所欲起的，它和"名"有着千丝万缕的联系。比如大家熟悉的诸葛亮，字"孔明"，"亮"与"明"就是同义；周瑜，字"公瑾"，"瑾""瑜"都是美玉的代称。

秦汉之后，取名也深受社会文化思潮的影响。西汉初年因为信奉"黄老之学"，出现了像"霍去病""严延年""毛延寿"等祈求健康和长生的名字。汉朝后期，随着儒家学说影响的加深，人们的取名也和儒家崇尚的"仁、义、礼、智、信"等思想相关联。

到了晋唐之际，很多人的名字也和当时社会信佛的思潮联系在了一起，从而带有浓浓的禅意。如被称为"诗佛"的唐朝大诗人王维，字"摩诘"，"维摩诘"便是佛教中在家的大乘佛教居士。

总之，中国的取名文化源远流长，姓名文化也成了中华文化的重要组成部分。姓名作为一种语言现象、语言符号，蕴含着不同时代思潮以及不同的思想文化,是古代社会文化变迁、思想观念演变的显著体现。"姓名"一词,绝不是简简单单的一个称谓,它已成为华夏民族血统关系的家庭特征,成为我们宗族文化的群体标志。

在屋外踱步良久的白季庚还是没能想到一个恰如其分的名字,随即转身进了书房。白季庚翻开一本本线装的典籍,想从这一页页文字里找到能击中自己心灵的答案。

忽然,白季庚跳动的手指在《中庸》的一页停了下来,发黄的纸上赫然写着:"上不怨天,下不尤人。故君子居易以俟命,小人行险以侥幸。"此刻,孩子"哇哇哇"的清脆哭喊声从里屋传了过来。白季庚沉默良久,他缓缓地拾起案桌上的笔,慎重地写下了孩子的名——居易。

作为一名父亲,白季庚的心愿是朴实的。他没有奢望这个孩子将来一定要大富大贵,青云直上。他唯愿孩子将来能在没有危险的环境里素位而行,静待天命。他也只是希望孩子将来不欺弱小,不攀权贵,不怨天,不尤人。

君子素其位而行,不愿乎其外。

素富贵,行乎富贵;

素贫贱,行乎贫贱;

素夷狄,行乎夷狄;

素患难,行乎患难。

君子无入而不自得焉。

在上位，不陵下；

在下位，不援上；

正己而不求于人则无怨。

上不怨天，下不尤人。

故君子居易以俟命，小人行险以徼幸。

子曰："射有似乎君子。失诸正鹄，反求诸其身。"

《礼记·中庸》

第五节　略识"之"与"无"

古往今来，民间一直流传着"老夫少妻"生的孩子多半聪慧的说法。这样的说法，拥护者众多，反对者亦多。

在信息化时代的今天，也有专家指出，夫妻双方的年龄差在七岁左右是最为合适的。一方面，已然成熟的父亲能够担负起家庭的重担，另一方面，年轻且富有生命力的母亲也为孕育孩子提供了最佳的生理条件。

这样的说法到底科学不科学，自然也是仁者见仁、智者见智。其中，拥护者们大都会举出至圣先师孔老夫子的例证。

据说孔子的父亲叔梁纥身高十尺，仪表堂堂。他力顶千斤闸，是鲁国三虎将之一，被封为陬邑大夫。可是，叔梁纥在和颜徵在结合成夫妻的时候已经近七十岁了，而颜氏只有十七岁。

由于生存环境和医疗的关系，古人的寿命相对较短。杜甫有诗言："酒债寻常行处有，人生七十古来稀。"孔子三岁时，七十余岁的叔梁纥离开了人世。孤儿寡母，其生活艰辛可想而知。长大后的孔子每每回忆儿时生活时，总会感慨万千："吾少也贱，故多能鄙事。"放牛喂猪，抬棺埋人，当时这些民众都看不起的体力活，孔子都切身体验过。

孔子十七岁时，常年辛劳的母亲撒手人寰。待到三年守孝期满，无依无靠的孔子便开始了独自闯荡江湖、仗剑天涯的生活。

离开家乡鲁国之后，孔子第一站去了宋国。在宋国，孔子与亓官氏家族的女子喜结良缘。次年，儿子孔鲤出生。因为孔子的学问得到鲁昭公赏识，鲁昭公特地派人送来一条大鲤鱼以表庆贺。

《论语》记载："吾十有五而志于学，三十而立，四十而不惑，五十而知天命，六十而耳顺，七十而从心所欲，不逾矩。"

十五岁时，从小历经磨难的孔子便立志求学。礼、乐、射、御、书、数，孔子没有不会的。

三十岁时，孔子恭敬地来到周朝向老子问礼。

"先生，如今礼崩乐坏，人心不古，如何是好？"

看着愤懑不已的孔子，老子笑而不语，他邀请孔子去拜访周大夫苌弘。精于音律乐理的苌弘将乐律和乐理悉数传授给了孔子。在考察周朝礼乐制度的行程中，孔子受益匪浅。

在即将辞别老子之际，老子将孔子带到了黄河边上。

清风拂来，老子指着川流不息的黄河水问道："你从这滔滔黄河水中看到了什么？"

思忖片刻的孔子答道："先生，这黄河之水昼夜不停地流逝，不正像极了逝去的光阴吗？"

说完，孔子看了看老子问道："先生又从这水中看到了什么？"

老子摸了摸长长的胡须感叹道："上善若水，世人都应效仿水之德行。"

疑惑不解的孔子问道："何为水的德行？"

"水善利万物而不争，此近于'道'。"看着沉默思索的孔子，老子继续说道："水虽弱，却能滴穿顽石。水无形，却能顺势而为，这便是自然之道。江海之所以宽广，正是由于它能容纳山川小溪。一个道德高尚的人，自是有虚怀若谷的品质、海纳百川的胸怀。"

这一次的会面，孔子深深地折服于老子的修养和学识。他感慨万千："吾今日见老子，其犹龙邪。"

这之后，孔子求职于齐国，终不为所用。返回鲁国后，孔子研究学问，开坛讲学，"四十而不惑"。四十七岁时，孔子研读《易》。四年后，读《易》而知天命。五十五岁时，孔子走上了周游列国之路。在遭遇三次大难后，六十八岁的孔子又一次回到了故乡鲁国。次年，其子孔鲤去世。

七十一岁，哀公获麟，伤心欲绝的孔子作《春秋》。这一年，孔子最爱的学生颜回英年早逝，孔子悲恸不已。次年，学生子路死于卫国内乱，被砍成肉泥。大哭一场的孔子即刻令人倒掉家中的肉酱，并不再食用。七十三岁时，孔子走完了自己的一生。

回顾孔子的一生，可以说是荆棘密布、颠沛流离，可这些从来没能阻止孔子成为"万世之师表"。

因为他把学习当作终身事业，他说："加我数年，五十以学《易》，可以无大过矣。"他说："三年学，不至于谷，不易得也。"

因为他一生行仁，矢志不渝。他说："夫仁者，己欲立而立人，己欲达而达人。"他说："君子去仁，恶乎成名？君子无终食之间违仁，造次必于是，颠沛必于是。"他说："知者不惑，仁者不忧，勇者不惧。"他说："德不孤，必有邻。"为此，他也会毫不顾忌地献出自己的生命——"志士仁人，无求生以害仁，有杀身以成仁"。

因为他一生从不抱怨叹气，用努力修正自我并改善环境的不足。他说:"夫遇不遇者,时也;贤不肖者,才也。君子博学深谋而不遇时者众矣,何独丘哉!且芝兰生于深林,不以无人而不芳。君子修道立德,不为穷困而败节。"他说:"君子之行己,期于必达于己,可以屈则屈,可以伸则伸。故屈节者所以有待,求伸者所以及时。是以虽受屈而不毁其节,志达而不犯于义。"

回顾两千多年前的孔子,他用自身的人格魅力、教育智慧和历史贡献带我们领略了何为德配天地、道贯古今的万世师表。

"道德高厚,教化无穷,实与天地参而四时同,其惟孔子乎!"孔子的父母年龄相差了近四十五岁,但他们孕育和培养出的孔夫子成了万世师表。如此看来,白居易父母二十七岁的年龄差倒是小巫见大巫。当然,白居易日后在历史上取得的成就也同样令人瞩目。

白居易出生后,母亲悉心呵护,奶妈也经常抱着他到庭院里走走看看,喂奶,洗尿布。照顾婴儿的日子是重复而单调的,六个月的光阴转瞬即逝。

这一天,奶妈像往常一样抱着粉嫩可爱的白居易移步到了庭院中。奶妈看着怀里的白居易,那双黑黑的眼睛闪着亮光,似乎在打量这个纷繁复杂的世界。

因为料理家里的大小事,奶妈也识得了几个字。她一边哄着怀里的白居易,一边开玩笑似的指着书屏上的字问道:"上面写的是什么字啊?"

一个六个月大的婴儿怎么可能认识这些字呢？即使几百年一遇的天才认得，可这么小的孩子也不会开口说话啊！奶妈手指着书屏上的字有口无心地念道："这个字念'之'，那个字念'无'……"怀里的白居易瞪着眼睛看着奶妈用手指的字，小嘴咬着肉嘟嘟的小手"咯咯咯"地笑着。

　　几日后，奶妈抱着白居易又来到这儿散步。当奶妈口里念出"之"字时，白居易的小手指竟朝着"之"字指了过去。惊喜不已的奶妈接着念出了"无"字，白居易的小手指竟又奇迹般指到了"无"字上。

　　开心至极的奶妈立刻把这个好消息告诉了白府上上下下，大家交口称赞："真是个小神童啊！"这也让每个人都情不自禁地对这个孩子寄予了更高的期望。

　　是啊，这样一个还不会开口说话的小婴儿给人们带来了太多的惊喜！或许连白居易自己都没想到，他在毫无征兆的情况下为浩瀚博大的汉语词库贡献了一个成语：略识之无。

　　这个纷繁复杂的世界充满了传奇色彩，有着太多的未知等待我们去探索，有着太多的谜团等待我们去解答。如果说这个世界真有天才的话，我想白居易应该算得上其中一位吧！

　　只是，自古以来，在浩瀚的史册里留下过足迹的小神童都淹没在了时间的长河中。那些曾经见经识经的孩子，也都渐渐成了芸芸众生中极为普通的一员。白居易难道也会像他们一样泯然于众生吗?

　　金溪民方仲永,世隶耕。仲永生五年,未尝识书具,忽啼求之。父异焉,借旁近与之,即书诗四句,并自为其名。其诗以养父母、收族为意,传一乡秀才观之。自是指物作诗立就,其文理皆有可观者。邑人奇之,稍稍宾客其父,或以钱币乞之。父利其然也,日扳仲永环谒于邑人,不使学。

　　予闻之也久。明道中,从先人还家,于舅家见之,十二三矣。令作诗,不能称前时之闻。

　　又七年,还自扬州,复到舅家问焉,曰:"泯然众人矣。"

　　王子曰:"仲永之通悟,受之天也。其受之天也,贤于材人远矣。卒之为众人,则其受于人者不至也。彼其受之天也,如此其贤也,不受之人,且为众人;今夫不受之天,固众人,又不受之人,得为众人而已耶?"

——王安石《伤仲永》

第六节　爱子心无尽

陪伴过孩子成长的父母，总会不经意感叹："小孩子都是见风长的。"这句话的潜台词无外乎就是孩子的成长总是太快，有时候快得让人都来不及细想。

五年的光阴倏忽而过，曾经那个襁褓中吮吸手指的白居易已成为一名孩童。五年的时间里，白居易在母亲陈氏的悉心教导下，读书识文。

这一年，白居易又多了个弟弟。同样还是父亲白季庚取的名，唤曰"行简"。这一名出自《论语·雍也》，"居敬而行简，以临其民，不亦可乎"？白季庚也是希望孩子将来行事、做人简易。

养儿育儿，年轻的母亲陈氏在为白家喜添人丁之余，对孩子的教导也从未懈怠。白居易在《唐故坊州鄜城县尉陈府君夫人白氏墓志铭并序》这样记载道："及居易、行简生，夫人鞠养成人，为慈祖母。迨乎洁蒸尝，敬宾客，睦娣姒，工刀尺，善琴书，皆出于余力焉。"在白居易后来为母亲写的这篇墓志铭里，我们可以读出母亲陈氏"工刀尺，善琴书"，悉心督导孩子教育的方方面面，将家庭关系处理得和谐融洽。

每每提到母亲对孩子教育的影响，孟子之母、岳飞之母，还有苏轼的母亲程氏，我们谈到古代伟大母亲的代表时是绕不开她们的。

苏母程氏，名门之后，是大理寺丞程文应之女。在那个女子只专注于女红的时代，程氏自幼饱读诗书，极具大家闺秀之风范。十八岁嫁给苏洵为妻后，她劝夫以进，持家以智，她孝以侍亲，柔以睦族。

我想，在成就中国文学史上"一门父子三词客"的传奇背后，自是少不了程氏的"勉夫教子"。

《宋史·苏东坡传》中就记载了这样一段程氏教子的佳话。

这一日，程氏给苏轼、苏辙讲解《后汉书·范滂传》。身为东汉的骨鲠之臣，范滂因反抗腐朽的宦官集团而惨遭逮捕。行刑前和母亲诀别时，不能尽孝的范滂愧疚得泪流满面。望着忠孝不能两全的儿子，范母用长满老茧的双手最后一次替儿子整理好衣裳道："汝今得与李、杜齐名，死亦何恨！既有令名，复求寿考，可兼得乎？"

说到这，程氏看着听得入神的苏轼两兄弟久久没有说话。书房里很安静，安静得只听得见清风翻动书页的声音。最终，还是小小的苏轼打破了沉默："母亲，如果哪一日孩儿要做范滂，您会允许吗？"

看着儿子苏轼坚定的眼神，程母凛然应道："吾儿若能做范滂，汝母可做范母。"

当我们回顾苏轼一路风雨却从容达观的一生，我想，这份乐观从容的人生里自然是少不了儿时母亲的谆谆教诲、循循善诱。

在《记先夫人不残鸟雀》中，苏轼还说了母亲这样一件事。

苏轼家的庭院之中，竹柏相映，花草丛生。如此雅境，自是吸引了五彩的桐花凤鸟来此驻足歇息。每当暮春，桐花盛开，桐花凤鸟翔集于此，以朝露为饮。苏母便嘱咐家中所有人要爱护善待雏鸟。

不承想，一日家中仆人疏于看护，家里的花猫竟扑获了一只桐花凤鸟雏。从书房出来的苏轼兄弟见状，一个箭步冲上前救护，可终究是晚了一步，雏鸟已没了呼吸。不一会儿，回到家中的苏母听闻此事，便和苏轼兄弟俩好好地安葬了这只鸟。程氏的恻隐之心也在小小的苏轼心底种下了宽厚仁爱的种子。我想，苏轼后来"吾上可以陪玉皇大帝，下可以陪卑田院乞儿"的洒脱性格，应该也是和儿时受到的教育有着莫大的关系吧！

程氏不仅教子有方，也是苏洵的得力助手。年少时的苏洵尤喜游历名山大川，对于科举应试不以为意，以致屡试不中。转眼间，苏洵已是二十七岁的大龄青年。这一日，程氏在书房和苏洵相对而坐。只听程氏缓缓说道："子苟有志，以生累我可也！"苏洵见妻子这番话说得如此恳切，也痛下决心，要成就一番事业。

这之后，程氏揽下全家的生计事务，苏洵专心研学，终成

第一卷　家世应传清白训

一代大家。

"慈母手中线，游子身上衣。临行密密缝，意恐迟迟归，谁言寸草心，报得三春晖。"一曲孟郊的《游子吟》，唱出了中国人浓浓的家庭情味，也彰显了母亲在培育优良家风中无可替代的地位。

"天下国家"，家是国的基础，而一个个人又构成了家的基础。一位贤能的母亲，"柔顺足以睦其族，智能足以齐其家"。苏母出身名门，心怀仁爱，恭孝勤俭，劝夫以进，最终成就了"一门父子三词客"的传奇。

而在华夏五千年璀璨的文明发展史上，在卷帙浩繁的传统文化典籍中，家风、家教、家训的历史源远流长：是"积善之家，必有余庆；积不善之家，必有余殃"，是"夫君子之行，静以修身，俭以养德"，是"一粥一饭，当思来处不易；半丝半缕，恒念物力维艰"……

此时的白居易既有母亲陈氏的悉心教导，又有兄长的备至呵护，而今又多了个可爱的弟弟，五岁的白居易在亲情的滋润下幸福地成长。

当春日的暖阳穿过窗户射进书房的一角时，白家上下早已听到白居易朗朗的读书声。这悦耳动听的读书声伴着春江的暖流，轻轻拂过每一片碧绿的草地，轻轻拂过每个读书人的心田。

当红炉暖阁外飘起飞雪时，庭院外扫雪的仆人总会看到白居易的书房里还亮着灯。灯影下，白居易点染的梅花在宣纸上悄然绽放，仿佛为寂静的冬夜增添了一抹暗香。

伴随着春去冬来，新年的鞭炮声又一次响起。这几年在诗海里徜徉的白居易似乎已经领略到了些许作诗的真谛。这份成绩自然有赖于他的勤奋刻苦，但更少不了母亲陈氏的悉心指导。小小的白居易也感受到了母亲相夫教子的辛劳。

都说天才是百分之一的天赋加上百分之九十九的努力，那么像白居易这样六个月大就已识"之""无"的小神童，再加上后天的勤奋刻苦，他的成功自是不言而喻的。

书卷多情似故人，晨昏忧乐每相亲。
眼前直下三千字，胸次全无一点尘。
活水源流随处满，东风花柳逐时新。
金鞍玉勒寻芳客，未信我庐别有春。

于谦《观书》

第七节　不轻寸光阴

春夏秋冬，四季轮回。在众人的称赞下，白居易一天天长大。在变化的时间里，如果说有什么不变的话，那便是白居易对学习的热情、对时间的敬畏。

"元亨利贞,天地一机成化育;仁义礼智,圣贤千古立纲常。"在圣贤的教诲话语里,白居易汲取着经典的营养。到了唐德宗建中元年(780年),九岁的白居易对写诗作文的声韵之学已烂熟于心。

"少年辛苦终身事,莫向光阴惰寸功。"每每读到白居易的勤奋苦读,每每谈起敬畏时间,我也总会想起历史上那个"笨小孩"的故事。

话说在一个数九寒冬的深夜里,湖南湘乡一个十三岁的小男孩正在挑灯夜背《岳阳楼记》。他一遍遍地读,一遍遍地背,几个钟头悄然而过,可短短的三百余字就是背不下来。

这可急坏了屋里的"梁上君子",他"噌"的一声从房梁上一跃而下,指着小孩破口大骂:"就你这么笨还读什么书?我听几遍都会了。"说着便一气呵成背完了《岳阳楼记》,然后甩甩衣袖扬长而去,留下还傻站在原地的"笨小孩"。

吊诡的是,历史没有给我们记下这么"聪明"的小偷姓甚名谁,却让这位"笨小孩"青史留名。这位"笨小孩"一生中的大多数时间都在读书,都在自省,他就是"晚清中兴第一名臣"——曾国藩。

他凭一己之力"挽狂澜于既倒,扶大厦之将倾",将清朝的历史命运延续了数十载。他立德、立功、立言,他让梁启超感慨："岂惟近代，盖有史以来不一二睹之大人也已；岂惟中国，抑全世界不一二睹之大人也已。"

为了成为一个聪明的人，我们从小就被告知好多东西是不能随便吃的。老人说吃了这些东西以后会变笨的。可是又有许多东西是必须要多吃的，因为这样能变得聪明，考试可以得高分。现在很多孩子更是从小就被塞进各种智力开发班，一板一眼地学着大人的聪明劲儿。

等到长大后，各种成功学、厚黑学萦绕在我们周遭，教我们要懂得钻营，不要吃亏。

总之，我们的目的是要想方设法地离这个"笨"字远远的。于是乎，我们的社会多了好些精致的利己主义者。他们智商高且为人老道，他们游刃有余地行走于规则间，将利己主义发挥到极致。

可是，我却希望我的学生们可以"笨"一些。

因为许慎《说文解字》中说："笨，竹里也。"《广雅·释草》曰："竹其表曰'筼'，其里曰'笨'，谓中之白质者也。其白如纸，可手揭者，谓之竹孚俞。"在古代，夸人心思纯洁善良才能称之为"笨"。《老子》篇中记载："大音希声，大象无形……大直若屈，大巧若拙。"

我想，小聪明终究载不动沉淀了五千年的中华文明，博大深远的华夏文化更需要一代代朴实的传承者。他们应该锲而不舍，厚积薄发；他们应该自强不息，厚德载物。

曾国藩可谓一生勤勉，他黎明即起，读书习字，每日三省己身。他坚其志，苦其心，劳其力。其谓之："天可补，海可填，南山可移。日月既往，不可复追。"

如此严已律身的曾国藩，也用自己的嘉言懿行教导着子女与学生。

作为曾国藩最为得意的学生李鸿章，这位曾豪言壮语"一万年来谁著史，三千里外欲封侯"的意气少年却有个睡懒觉的习惯。

话说李鸿章刚进湘军大营时，照旧睡懒觉，亲兵敲门，就是不起床，连续三天，曾国藩看在眼里却一语未发。第四天，亲兵又来敲门，李鸿章索性喊道："我因偶感风寒，不用饭了！"

亲兵一听此言便回去禀报，幕僚们却一个个来了，告诉他曾大人在等他用餐。李鸿章一听一下子跳了起来，急急忙忙赶到餐厅。

曾国藩瞟了他一眼，端起饭碗，神色冷峻，一言不发。用完餐后，曾国藩语重心长道："少荃既入我幕，我有言相告，此处所尚，唯一'诚'字而已。"说完，他便拂袖而去。

李鸿章闻言悚然，从此每日早起。

古人云："桃李不言，下自成蹊。"也许睡懒觉只是很小的个人习惯，但对于时间的珍惜、对于为人的真诚，曾国藩身体力行表明自己的态度。这或许是百年后曾国藩家书家训依然为后世推崇备至的缘由所在吧！

每当我们谈及寸阴是竞，我们也常常会暗自思忖吗？我们自己的时间都去了哪儿？

梁实秋先生在《时间即生命》一文中写道："我不打麻将，我也不经常地听戏看电影，几年中难得一次，我不长时间看电视，通常只看半个小时，我也不串门子闲聊天。有人问我'那么你大部分时间都做了些什么呢'？我痛自反省，我发现，除了职务上的必须及人情上所不能免的活动之外，我的时间大部分都浪费了。"

也许我们大部分成年人也都是在蓦然回首时才发现时间匆匆而过。于是，我们一边掩面叹息着逝去的昨日，一边却又在叹息声里度过新的一日，我们的生命不知不觉间就又缩短了一日。

我们都爱惜自己的生命，却很少珍惜我们的时间。

"夫天地者，万物之逆旅也；光阴者，百代之过客也。"对待时间和生命，小小的白居易无比珍惜。每个清晨，白居易伴着氤氲书香醒来；每个深夜，白居易随着诗文吟唱入眠。他努力坚持着自己的小小梦想，憧憬着美好的少年岁月。

第一卷　家世应传清白训

木落水尽千崖枯，迥然吾亦见真吾。
坐对韦编灯动壁，高歌夜半雪压庐。
地炉茶鼎烹活火，一清足称读书者。
读书之乐何处寻？数点梅花天地心。

——翁森《四时读书乐·其四》

第二卷
谁忍相思不相见

第一节　彭城列九州

建中元年（780年）正月，唐德宗李适继位。作为曾经担任天下兵马元帅的奉节郡王，李适在率军平定安史之乱中亲历了战争的残酷——尸横遍野，田园荒芜，百姓流离失所。看着自己尽忠的国家蒙难，心怀仁爱的李适痛心疾首。

作为唐朝的第十位皇帝，登基后的唐德宗是想有一番作为的。唐德宗以"强明自任"为用人原则，锐意进取、励精图治，使破败不堪的国家终于有了些许中兴的气象。

满怀报国之情的白季庚这几年在战场上立下了汗马功劳，

第二卷 谁忍相思不相见

他的忠义精神也让唐德宗为之感动。建中元年（780年），唐德宗授命白季庚担任徐州彭城县令，白家也随之举家迁到彭城。

徐州，这是一座位于江苏西北部的城市，在古代，它还有个叫彭城的名字。相传大禹治水的时候曾将中国分为九州，徐州即为九州之一。民间有句俗语说："自古彭城列九州，龙争虎斗几千秋。"由此可见徐州这一战略位置的重要性。

自古以来，徐州这块兵家必争之地一直流传着太多的传奇故事。秦末，陈胜、吴广在大泽乡揭竿而起；秦亡后，项羽定都彭城，而后楚汉争霸大战于彭城……

公元前206年，尊怀王为义帝后，项羽自封西楚霸王，并分封十八路诸侯王：汉王刘邦、雍王章邯、塞王司马欣、翟王董翳、西魏王魏豹、河南王申阳、韩王韩成、殷王司马卬、代王赵歇、常山王张耳、九江王英布、衡山王吴芮、临江王共敖、辽东王韩广、燕王臧荼、胶东王田市、齐王田都、济北王田安。

眼见义帝已无利用价值，项羽打着将义帝迁到长沙的旗号在途中派人将义帝暗杀。

当听说齐王田市被项羽改为胶东王，原齐国的将领田都被封为齐王时，田荣异常愤怒。田荣一方面阻挠田市就职，另一方面率军攻打田都。随后，田荣斩杀济北王田安，自立为齐王，将三齐的土地悉数收入囊中。田荣将军印赐予彭越，唆使彭越起兵反楚。之后，田荣助力代王赵歇击败常山王张耳，赵歇自

/ 41 /

立为赵王，并立陈馀为代王。

这时的刘邦已经占领了三秦之地。当听闻刘邦还想继续东扩，齐、赵两地也都举起反楚大旗时，项羽勃然大怒。他立即封郑昌为韩王，想以此来遏制刘邦的东扩。

刘邦召来大臣共同商量对策，最终，足智多谋的张良提议利用齐、梁反叛的书信来分散项羽的注意力，无暇兼顾的项羽最终向齐国进发。

公元前205年，项羽率军大破齐军于城阳，败逃的田荣也被民众杀害。获胜的楚军一路烧杀抢掠，这些极端行为激起了齐国全城百姓的愤怒。于是，田荣的弟弟田横趁机利用民愤汇拢逃散的士卒，并立田荣的儿子田广为齐王。之后，数万齐军和楚军在城阳酣战多次，但均未分出胜负。

正当项羽率领楚军和齐军鏖战时，此刻的刘邦已将河南郡、河内郡多地收入囊中，韩王郑昌、河南王申阳也都降归刘邦麾下。眼见自己羽翼丰满，项羽还在忙着和齐军酣战，刘邦便打着为义帝发丧的旗号率兵伐楚。汉军一到外黄，彭城数万人便缴械归降。

听闻此讯，项羽大发雷霆，他亲率数万精兵即刻反攻。项羽率军从鲁地，经胡陵，绕到彭城西南发起袭击。此刻，正沉迷于饮酒享乐中的刘邦乱作一团，手忙脚乱的士兵在楚军面前毫无抵抗之力。

面对里三层外三层的围剿,刘邦无能为力。在悲叹自己的生命即将走到尽头时,忽然间狂风大作、电闪雷鸣。楚军大乱,一时间不知所措。刘邦趁机跳上马,带领几名轻骑兵策马逃离。

也许,小小的白居易也从史书里读过这些传奇,而此刻跟随父亲来到徐州的他或许永远都不会想到,这座厚重的古城此后会成为他一生的牵挂。

一水渊渟绿不波,四山玉立碧嵯峨。

城头刍石黄楼赋,台上风云赤帝歌。

竹帛有香豪杰在,山河无恙废兴多。

男儿要作千年调,戏马台高石可磨。

——李思衍《彭城》

第二节　男儿带吴钩

建中二年（781年）,来彭城一年有余的白季庚遇到了一件始料未及的大事,这件事也同样出乎唐德宗的意料。

这一年八月,淄青节度使李正己之子李纳为父发丧。与此同时,李纳又向唐德宗上了表文。在表文中,李纳表达了想要承袭其父节度使一职的意愿。其实,从当时的史书记载看,李纳之父李正己早些时候就已病亡。李纳之所以封锁其父去世的消息，就是为了谋取淄、青二州的军政大权。

作为大唐的皇帝，唐德宗自然是不许李纳承袭父亲李正己节度使一职的。如果同意了李纳这一做法，中央政权颜面何存，皇帝的权威归于何处？李纳见自己的计谋未能得逞，恼羞成怒，当年十月便对宋州发动进攻。毫无准备的宋州守军节节败退，溃不成军。

李纳自然也十分清楚徐州战略位置重要，他随即派遣部将王温会同承庆对徐州展开攻击。周边州县官吏见叛军的势力如此之强，一个个败逃投降。此刻，时任彭城县令的白季庚经受着严峻的考验，如此残局，他该如何化解？

更让人担心的是，时任徐州刺史的李洧还是叛将李纳的亲属。如果李洧阵前倒戈，那彭城就毫无抵御能力。白季庚告诉自己一定要冷静下来，在这样的危急关头千万不能乱了阵脚。经过几日深思熟虑，白季庚决定放手一搏，他只身来到徐州刺史李洧的府衙中。

说起李洧，他与李正己是堂兄弟，即便有着这样的亲属关系，两人的为官处世之道却完全不同。李洧深知他是大唐的子民，大唐的臣子，食君之禄自然要行忠君之事。当初李正己拉他入伙时，他态度决绝。可如今倒好，自己的兄弟李正己没有反成，侄子李纳却又闹了这么一出。

当李洧正唉声叹气时，满怀豪情的白季庚走了进来。白季

第二卷　谁忍相思不相见

庚开门见山说明来意，李洧也是感慨万分。谈起眼前这场灾祸，二人都是义愤填膺。最终，两人决定齐心协力死守徐州城。

李洧即刻叫来贴身将领，命其星夜赶赴京师求援。白季庚则把全城所能帮忙的官吏和百姓聚集起来。虽说这支临时组建的队伍缺乏作战经验，但到了生死存亡的危急关头，每个人的神情都表明他们视死如归。

也许，人在面临生命危险时总能激发出无穷的力量；也许，确实是百姓们不怕死的精神吓到了叛军；也许，命运眷顾忠君爱国的白季庚。总之，这支临时凑起来的一千多人的队伍将叛军的两万精锐之师打得无法向前。

幸运的是，徐州城百姓的严防死守为援军赢得了缓冲的时间。随着日夜兼程的援军到来，全体百姓的士气更加高涨。在军民的内外夹击下，李纳率领的叛军被打得落荒而逃，溃不成军。白季庚带领将士们乘胜追击，一举拿下埇口城。随着这场关键战役失利，叛将李纳剑指江淮的战略计划宣告失败。

这场徐州保卫战取得了意想不到的胜利，守将白季庚一战成名。军事要塞徐州的安宁也让危难中的唐朝得到了稍许喘息的机会。在京听闻捷报的唐德宗自是格外高兴。为了奖励誓死卫城的白季庚，唐德宗破格提拔他为朝散郎，擢拜徐州别驾[①]。

---

① 别驾：州刺史的佐官。

一个家庭，如果母亲给孩子的是一个温馨的港湾，那么父亲所寄予孩子的则是如山般刚毅的品格。冲锋陷阵、保家卫国的白季庚，自然成了儿子白居易心中的英雄。一个人的童年经历势必会对他的一生产生至关重要的影响，这种影响就像是出生时的胎记一般，会终生烙印在人的心间。这场热血保卫战，小小的白居易看在眼里，记在心里。

每每读到此处，我的脑海里总会浮现出战场上白季庚的坚毅模样。我也知道，这样一种舍生忘死的生命态度和几十年后朝堂上的白居易是一模一样的。因为白居易的身上流着父亲的血，因为白居易清晰地记得儿时这场保卫战。从这对父子的身上，我们读到了他们对中原这片土地深沉的爱，读到了他们对大唐的那颗滚烫的赤子之心。

男儿何不带吴钩，收取关山五十州。
请君暂上凌烟阁，若个书生万户侯？

——李贺《南园十三首·其五》

第三节 两小无嫌猜

在徐州的日子，纵然会面临残酷的战事，纵然会遭遇生活的苦难。但是，在颠沛流离的战乱中一家人能在一起，白居易

第二卷 谁忍相思不相见

始终是开心的。除了每日在诗文上进行大量的学习外,白居易也在父亲的耳濡目染中懵懂地感知着个人对家国应有的情怀。

因为徐州保卫战的胜利,白季庚受到朝廷的嘉奖。建中三年(782年),朝廷擢拜白季庚为徐州别驾。这一年,十一岁的白居易也随着父亲寄居徐州的符离。

"北有离山,地产符草",这是"符离"地名的由来。这样一处战略要地至今流传着楚汉相争的传奇,刘邦与项羽曾在这里上演过轰轰烈烈的逐鹿中原之战。

许多历史英雄随着时间的变迁早已烟消云散。在这片大地上,在符离村东北的濉水南畔,白居易在这里遇到了他一生的挚爱——湘灵。

> 人生若只如初见,何事秋风悲画扇。
> 等闲变却故人心,却道故人心易变。
> 骊山语罢清宵半,泪雨霖铃终不怨。
> 何如薄幸锦衣郎,比翼连枝当日愿。
> ——纳兰性德《木兰花令·拟古决绝词》

说起初恋,我们总会第一时间想到纳兰性德的这阕词,想起赫赫有名的纳兰家公子那美好又无奈的爱情故事。

因为家道中落,表妹一家不得已寄居在了侯门相府的纳兰宅府中。自幼读书有礼的容若对表妹也是细心呵护、关爱备至。日复一日,年复一年,朝夕相处的少男少女情窦初开,两情相悦。

可古代讲究门当户对的男女婚嫁大事,从来都是父母之命。此时,身为清朝重臣的纳兰明珠又怎会让儿子娶这样一位普通的女子入门?

任凭这对情投意合的恋人如何苦苦哀求,父亲纳兰明珠终是不允。从前的暮暮朝朝、以前的山盟海誓随风而逝,留给多情的少年郎的只有无穷无尽的思念。

"我是人间惆怅客,知君何事泪纵横,断肠声里忆平生。"这样多情的才子,这般凄美的悲欢离合,令人多么心疼!人世间的爱恋,如果甜蜜得永远像刚相识那样,纯粹得只有两情相悦、甜蜜温馨该有多好啊!

初恋,自始至终散发着无法言说的迷人气息;初恋,从开始到结束都是人生最美好的回忆。

符离夏日的一个清晨,阵阵凉风从湖边迎面吹来,白居易从岸边的石头上起身。每个早晨,他都会来这里诵读诗文。回家的路上,白居易边走边念着今早诵读的诗文。

关关雎鸠,在河之洲。

窈窕淑女,君子好逑。

参差荇菜,左右流之。

窈窕淑女,寤寐求之。

求之不得,寤寐思服。

第二卷　谁忍相思不相见

悠哉悠哉，辗转反侧。
参差荇菜，左右采之。
窈窕淑女，琴瑟友之。
参差荇菜，左右芼之。
窈窕淑女，钟鼓乐之。

——《诗经·周南·关雎》

回到家中，用完母亲精心准备的早餐后，白居易也有短暂的休憩玩乐时间。在和小伙伴们玩耍相处中，白居易很喜欢跟邻家的小女孩湘灵讨论诗词。

白居易还记得第一次听到"湘灵"这个名字时，他的脑海里一下浮现出了屈原的《楚辞·远游》，"使湘灵鼓瑟兮，令海若舞冯夷。"被湘君称为绝代佳人的湘水之神或许就该是眼前湘灵的模样吧！

因为家庭的关系，湘灵没法接受先生的教学。虽然没能得到先生的指点，但湘灵于诗文方面的领悟力却不在白居易之下。

"湘灵，你觉得什么样的人配得上'君子'这个称谓？"白居易忽然想到了今早诵读《诗经》中的"君子"一词。

"君子应具有渊博的学识、谦逊的品德。"湘灵的眼睛定定地看着白居易，双眸闪着亮光说："我想今后的你该是君子一般的人！"

青梅竹马，两小无猜，这是多少尘世中人羡煞不已的纯真情感啊！在朝夕相处的那些日子里，懵懵懂懂的白居易和湘灵渐渐互生情愫，一颗爱情的种子在他们的心里慢慢生根发芽，在他们内心深处，彼此互相把对方当作这辈子要携手走下去的那个人。

妾发初覆额，折花门前剧。
郎骑竹马来，绕床弄青梅。
同居长干里，两小无嫌猜，
十四为君妇，羞颜未尝开。
低头向暗壁，千唤不一回。
十五始展眉，愿同尘与灰。
常存抱柱信，岂上望夫台。
十六君远行，瞿塘滟滪堆。
五月不可触，猿声天上哀。
门前迟行迹，一一生绿苔。
苔深不能扫，落叶秋风早。
八月蝴蝶来，双飞西园草。
感此伤妾心，坐愁红颜老。
早晚下三巴，预将书报家。
相迎不道远，直至长风沙。

——李白《长干行·其一》

第四节　他乡作故乡

建中四年（783年），距离平息安史之乱已有二十年之久，可这场战争造成的伤痛却没能在时间长河里消逝。由于大量的壮劳力被拉上战场，造成了大片农田荒芜。与此同时，地方政府为了更快地增加税收，官吏对百姓的压榨盘剥也越来越重。随着官民矛盾的进一步激化，无路可走的百姓只得一次次举起造反的大旗。

其实，安史之乱后，中央集权被极大削弱。为了控制住战后地方的藩镇势力，唐廷不得不在藩镇的外围再设立新的藩镇来进行制衡。这样一来，循环的藩镇割据问题成了中唐后期一直解不开的死结。

即位后的唐德宗一开始是想有一番作为的，也制定了一些对应的削藩政策。只是随着政策的一步步加紧实施，各地节度使的不满情绪越来越重，一场场藩镇叛乱再次死灰复燃。

这一年，由于唐军作战失利，泾原节度使姚令言接到朝廷诏命，即刻率领五千士卒从长安转道征战。马不停蹄赶到长安的泾原军本想唐德宗一定会大加封赏，可希望有多大，伴随而来的失望就有多大。

星夜快马加鞭赶来的将士没得到一点恩惠，离开长安后，士兵的失落情绪进一步蔓延。他们开始不明白自己舍弃家庭、子女，在战场上与敌人殊死拼搏到底为了什么。失落渐渐在他们的心头升起，继而转化成了愤怒，待军队行进到浐水时，士卒将节度使姚令言团团包围，要讨个说法。

姚令言一边假意安抚部下，一边火速派人给朝廷通风报信。姚令言的虚情假意让愤怒的士兵再次感受到了羞辱，他们内心反抗的火苗燃成了熊熊大火。宫殿之上的唐德宗听到信使的禀报大吃一惊，他即刻令人带上赏赐火速前去慰问。可慰问的人还未到，愤怒的士卒已经拿着武器兵临丹凤楼下。慌乱中的唐德宗在宦官的护卫下跌跌撞撞逃往奉天避难。

士卒没想到能如此轻易攻下长安城，他们开始肆无忌惮地掳掠府库的财物。紧接着，幽州经略副使朱泚被士卒们拥立为帝，改国号为"大秦"，改元为"应天"。

国家国家，有了强大的国才会有安稳的家，国家的变故自然也影响着这片土地上的每个人。出于对家族安全的考虑，白季庚也不得不选择暂时让家眷来到越中避难。

次年的兴元元年（784年），白居易的三弟白幼美出生。也许是因为出生在这样一个颠沛流离的时代，也许是因为福分本就浅薄，八年后，白居易的这个瘦弱的三弟就不幸夭亡，留给白家的就只剩下无穷的伤痛和无尽的哀思。

躲进奉天的唐德宗悲愤交加。他开始思考自己的为政举措，为了挽回不利的局势，挽回唐朝的尊严，唐德宗下发了一道言

第二卷 谁忍相思不相见

辞恳切的《罪己诏》。让一个"九五之尊"的皇帝承认自己的错误实属难得,在历史上更是少见。

说到最早的罪己诏,还得追溯到夏朝时期。夏朝上接三皇五帝,下起商周秦汉。夏朝的第一个帝王大禹,治水时三过家门而不入。

即位后,大禹依然心系家国天下。因此,当大禹看到有犯罪之人伤害无辜之人时,他悲痛万分,不自觉间竟哭了起来。

见此情景,手下的大臣不明所以,急忙安慰和询问。大禹望着远方说道:"以前尧舜在位的时候,人人都能坚守本心,路不拾遗,夜不闭户。可是当我即位后,居然还会有犯罪之人,实在令人痛心!是我教化不足,是我对不起天下的百姓啊!"

没过多久,大禹便在众大臣面前表明了自己这样的心迹。之后,夏朝被商所灭,而商汤的罪己诏也值得细细品读。

"王曰:尔有善,朕弗敢蔽;罪当朕躬,弗敢自赦,惟简在上帝之心。其尔万方有罪,在予一人;予一人有罪,无以尔万方。"这段话的意思是:你们的好,我不敢遮蔽;我自己犯的过错,我也不敢对自己进行赦免,因为上天都已看得明白。天下各方的子民犯了过错,最根本的原因在于我;我犯了过错,也不能转嫁到天下各方子民的身上。各路诸侯被商汤真诚的表述打动,便纷纷接受了这个新的盟主,也承认了商朝的正统地位。

历史上最有名的罪己诏应该非汉武帝的《轮台诏》莫属了。

《轮台诏》的名气大，一方面是发布罪己诏的人，汉武帝的名气大；另一方面是《轮台诏》的作用大，几乎挽救了西汉王朝。

汉武帝刘彻雄才大略，历史上人们曾把他与秦始皇、唐太宗、宋太祖并称为"秦皇汉武，唐宗宋祖"。而汉武帝最出色的政绩便是解决了困扰中国数百年的匈奴之患。在位期间，汉武帝东征西讨，任用卫青、霍去病等人大败匈奴，使得"胡人不敢南下而牧马，士不敢弯弓而报怨"。

然而，也有人据此评价汉武帝穷兵黩武。为了保证前线将士的补给，汉武帝时期的赋税不断加重，直到匈奴被灭，西汉的百姓已经被折磨得苦不堪言，农民起义也只在一念之间。

晚年的汉武帝在巫蛊之祸和痛失太子后，也逐渐认识到了自己的过错，在日日夜夜地反思后，他发布了《轮台诏》。

前有司奏，欲益民赋三十助边用，是重困老弱孤独也。而今又请遣卒田轮台。轮台西于车师千余里，前开陵侯击车师时，危须、尉犁、楼兰六国子弟在京师者皆先归，发畜食迎汉军，又自发兵，凡数万人，王各自将，共围车师，降其王。

诸国兵便罢，力不能复至道上食汉军。汉军破城，食至多，然士自载不足以竟师，强者尽食畜产，羸道死数千人。朕发酒泉驴、橐驼负食，出玉门迎军。吏卒起张掖，不甚远，然尚厮留其众。

第二卷　谁忍相思不相见

囊者，朕之不明，以军候弘上书言匈奴缚马前后足，置城下，驰言："秦人，我匄若马。"又汉使者久留不还，故兴遣贰师将军，欲以为使者威重也。古者卿大夫与谋，参以蓍龟，不吉不行。乃者以缚马书徧视丞相、御史、二千石、诸大夫、郎为文学者，乃至郡属国都尉成忠、赵破奴等，皆以"虏自缚其马，不祥甚哉"，或以为"欲以见强，夫不足者视人有余"。

《易》之卦得《大过》，爻在九五，匈奴困败。公车方士、太史治星望气，及太卜龟蓍，皆以为吉，匈奴必破，时不可再得也。又曰："北伐行将，于鬴山必克。"卦诸将，贰师最吉。故朕亲发贰师下鬴山，诏之必毋深入。今计谋卦兆皆反缪。重合侯得虏候者，言："闻汉军当来，匈奴使巫埋羊牛所出诸道及水上以诅军。单于遗天子马裘，常使巫祝之。缚马者，诅军事也。"又卜"汉军一将不吉"。匈奴常言："汉极大，然不能饥渴，失一狼，走千羊。"

乃者贰师败，军士死略离散，悲痛常在朕心。今请远田轮台，欲起亭隧，是扰劳天下，非所以优民也，今朕不忍闻。大鸿胪等又议，欲募囚徒送匈奴使者，明封侯之赏以报忿，五伯所弗能为也。且匈奴得汉降者，常提掖搜索，问以所闻。今边塞未正，阑出不禁，障候长吏使卒猎兽，以皮肉为利，卒苦而烽火乏，失亦上集不得，后降者来，若捕生口虏，乃知之。当今务，在禁苛暴，止擅赋，力本农，修马复令，以补缺，毋乏武备而已。郡国二千石各上进畜马方略补边状，与计对。

——刘彻《轮台诏》

《轮台诏》的发布，意味着汉武帝刘彻对自己的扩张政策感到了悔恨，也标志着汉武帝治国路线由"尚功"调整为了"守文"。国家的重心也由战争转移到了发展经济、休养生息上。朝廷开始下达一系列减轻民众劳役赋税的政策，国家重新步入正轨。

言归正传，将士们一看皇帝能如此体恤民情，感动不已。他们团结一心，开启了全面的反围剿突围模式。是年六月，大将李晟率兵英勇作战，击退叛军，长安得以收复。自称"秦王"的朱泚也在逃亡的路上被部将所杀，这场始料不及的战乱被迅速平定。

当七月的暑气黏湿人们的衣服时，唐德宗也终于得以离开奉天再次返回帝都长安。在这次逃亡中，唐德宗深深感动于宦官在危难时的保护和照顾，回到长安城后，竟大肆封赏这些宦官。不仅如此，唐德宗还对宦官愈发信任和赞赏。这份来自唐德宗的盲目信任，也为唐王朝埋下了"宦官之乱"的祸根。

接连不断的战乱，带给老百姓的无疑是毁灭性的灾难。这一年，关中地区遭遇大旱，颗粒无收的百姓哀声四起。他们在

第二卷　谁忍相思不相见

没有东西能填饱肚子的情形下，只得到田里捕捉蝗虫果腹。

看着一路上因为挨饿倒下的老弱妇孺，随父一路前行的白居易无比哀痛，悲伤的泪水夺眶而出。白居易想起了自己饱读诗书的经历，想起了自己要像圣贤一样经世济民的理想："大道之行也，天下为公""民可近，不可下。民惟邦本，本固邦宁""为政以德，譬如北辰，居其所而众星拱之"……

当我们读起白居易创作的一首首讽喻诗时，不难发现白居易早已将民生疾苦化作他笔下对百姓无比深沉的怜悯、对当权者无情的鞭挞。

八年十二月，五日雪纷纷。

竹柏皆冻死，况彼无衣民。

回观村闾间，十室八九贫。

北风利如剑，布絮不蔽身。

唯烧蒿棘火，愁坐夜待晨。

乃知大寒岁，农者尤苦辛。

顾我当此日，草堂深掩门。

褐裘覆绝被，坐卧有余温。

幸免饥冻苦，又无垄亩勤。

念彼深可愧，自问是何人。

——白居易《村居苦寒》

唐德宗回到长安后，除了封赏护卫他的宦官外，倒也没忘记跟他同进退的大唐官员。贞元元年（785年），唐德宗升迁白季庚为徐州别驾兼当道团练判官①。这一次，白居易又跟着父亲回到了徐州。

徐州有白居易儿时的一切，熟悉的亲人、熟悉的朋友，当然，还有一直在那里等他的湘灵。两年未见，在和湘灵执手相见的刹那，两人都不禁喜极而泣。可是，两人还未来得及叙说长久的相思之情，又要面临离别之苦。

虽说关中之乱暂时得以平定，但朝廷的政局仍然十分紧张，朝廷之外也因为一些小摩擦经常发生战事。为了白氏家族血脉的延续，白季庚决定将白居易送到还未被战火波及的江南。

小桥流水人家的江南是安宁祥和的，这里暂时还听不到战场的厮杀声，看不到浓浓的战火硝烟。可此刻的白居易哪有心思去感受江南的柔情蜜意，他的那颗心无时无刻不在挂念着徐州的山、徐州的水和徐州的人。

故园望断欲何如？楚水吴山万里余。

今日因君访兄弟，数行乡泪一封书。

白居易《江南送北客，因凭寄徐州兄弟书》

是的，故乡是每一个漂泊天涯的游子魂牵梦绕的相思，是断了筋骨还连着血脉的亲情。它是屈原心中的秭归，是贺知章心中的绍兴，是杜甫心中的巩县。它是清明的那炷清香，它是

---

① 判官：州府中的判官主要协助刺史处理政务。

新春的那缕祝福。

故乡情,总在有月亮的晚上悄悄爬上人的心头。渐渐地,我们才发现,故乡原来是每个游子都无法割舍的起点,故乡是每个游子都想到达的终点。

　　山一程,水一程,
　　身向榆关那畔行,夜深千帐灯。
　　风一更,雪一更,
　　聒碎乡心梦不成,故园无此声。
　　　　　　　　　　——纳兰性德《长相思》

从公元782年到804年,白居易从一个九岁的孩童到三十而立之人,抛开短暂逃离战乱的迁徙,他在徐州居住了二十二年之久。

人生短暂,一个人能有几个二十年呢?

白居易祖籍为山西太原,生于河南新郑,而徐州却这样毫无征兆地由他乡成为故乡。白居易就这样不经意地和这座有着厚重历史的文化名城结下了情缘。

　　其　一
　　汴水流,泗水流,
　　流到瓜州古渡头,吴山点点愁。
　　思悠悠,恨悠悠,
　　恨到归时方始休,月明人倚楼。

其 二

深画眉，浅画眉。

蝉鬓鬅鬙云满衣，阳台行雨回。

巫山高，巫山低。

暮雨潇潇郎不归，空房独守时。

——白居易《长相思二首》

这无边的思念，无际的怨恨呀，你们到哪里才算是个尽头呢？徐州，那里有着白居易日夜思念的亲人，日夜思念的朋友，日夜思念的恋人。当一轮皓月又在空中高高挂起时，我仿佛看到了，倚楼独自哀愁的白居易；我仿佛听到了，白居易心中无尽的思念……

江南月，清夜满西楼。

云落开时冰吐鉴，浪花深处玉沉钩。

圆缺几时休。

星汉迥，风露入新秋。

丹桂不知摇落恨，素娥应信别离愁。

天上共悠悠。

——王琪《望江南·江南月》

第五节　相思无尽处

子在川上曰："逝者如斯夫，不舍昼夜。"岁月辗转已成歌，时光流逝已如花。待到避难归来符离时，白居易已是翩翩少年。回到符离便是回到了家乡，他见到了日夜思念的家人朋友，他看到了朝思暮想的湘灵。

娉娉十五胜天仙，白日姮娥旱地莲。
何处闲教鹦鹉语，碧纱窗下绣床前。

——白居易《邻女》

一位是谦谦君子，一位是窈窕淑女；一个风度翩翩，一个冰雪聪明；一个善诗词，一个协音律。如此天造地设的一对才子佳人，着实让人艳羡！

潺潺的溪水流淌着他们轻柔的话语，青青的草地拂动着他们爱恋的歌曲。"月上柳梢头，人约黄昏后"，他们立下海誓山盟："死生契阔，与子成说。执子之手，与子偕老。""愿得一心人，白头不相离"，这是世间多少恋人向往的爱情归宿。

心有灵犀的两人向家人正式宣告了他们炙热的恋情。只可惜造化弄人，遵循"父母之命，媒妁之言"的古代社会婚姻从来都不只是两个人的事情。它昭示着门第的差别、等级的鸿沟。严苛的传统婚姻观念，像一块巨石沉沉地压在人们心头，成为禁锢恋人的一道枷锁。"门当户对"这四个字不知道生生拆散了多少对两情相悦的恋人。

虽然白家祖上并不算特别显赫,但是白居易的祖父两辈也算是朝廷命官,家族也是书香相承的世家。而湘灵,她只是一个普通农户之女。看重家族出身的白母陈氏因湘灵的寒微出身坚决反对这段恋情。

人生中最为单纯炽烈的初恋却遭兜头冷水浇淋,而这个泼水的人竟是从小陪伴自己成长的母亲,那一刻的白居易该是怎样的一种心情?不过,这盆冷水终究没能浇灭这段爱情的烈火。在互诉相思的字里行间,仍然流淌着两个真心相爱年轻人的绵绵情意。

泪眼凌寒冻不流,每经高处即回头。

遥知别后西楼上,应凭栏干独自愁。

——白居易《寄湘灵》

贞元七年(791年),白季庚接到朝廷调令,改任襄州别驾。二十一岁的白居易也只得跟随父亲来到襄州。这一年,白居易八岁的三弟不幸夭亡。亲人的离世、恋人的分别,接二连三的打击让刚过弱冠之年的白居易备尝离别之痛、相思之苦。

抱枕无言语,空房独悄然。

谁知尽日卧,非病亦非眠。

——白居易《昼卧》

第二卷　谁忍相思不相见

> 黄昏独立佛堂前，满地槐花满树蝉。
>
> 大抵四时心总苦，就中肠断是秋天。
>
> ——白居易《暮立》

一个个白日到黄昏，白居易常常独自一人，时而伫立院中凝望东邻，时而痴坐桌前长吁短叹。看着片片槐花洒满院落，听着声声蝉鸣响彻林间。终日的相思之苦竟让一个朝气蓬勃的年轻人卧床不起。

人们常说，时间和遗忘是治疗情伤最好的药。只是，这日复一日的岁月交替，却没有带给白居易丝毫抚慰。他的相思之苦依旧浓烈而深沉。

> 夜半衾裯冷，孤眠懒未能。
>
> 笼香销尽火，巾泪滴成冰。
>
> 为惜影相伴，通宵不灭灯。
>
> ——白居易《寒闺夜》

在襄阳的两年时间里，白居易经常陪着父亲散步到襄阳城下。父子俩常常会谈起刘备三顾茅庐的故事，也经常会聊起诸葛亮"静以修身，俭以养德"的家训。风云变幻的三国时期，曾经汇聚于此地的英雄豪杰，在父子的谈笑声中若隐若现。可在每个停下来安静的瞬间，白居易总能从父亲已然苍老的脸上回忆起徐州的点滴往事。

两年的时间里，每每用完晚饭后，白居易也会陪着母亲在庭院里散步。母亲总会不经意地提起东家温柔贤惠的小姐和西家活泼可爱的姑娘。白居易自是明白母亲话里话外的意思，他只得一边随声附和一边推托道："孩儿只想趁这大好年华用功读书，为白家光耀门楣，暂时还未考虑婚娶之事。"白母听后总是无奈摇头作罢，儿子的心事她又怎会不知？

    九月西风兴，月冷露华凝。

    思君秋夜长，一夜魂九升。

    二月东风来，草坼花心开。

    思君春日迟，一日肠九回。

    妾住洛桥北，君住洛桥南。

    十五即相识，今年二十三。

    有如女萝草，生在松之侧。

    蔓短枝苦高，萦回上不得。

    人言人有愿，愿至天必成。

    愿作远方兽，步步比肩行。

    愿作深山木，枝枝连理生。

——白居易《长相思》

  长相思，思长久，思念苦涩且沉痛。离别的日子里，白居易把对湘灵无边的思念化为更加勤奋的苦读。他希望自己能金榜题名，以获得母亲对他们恋情的许可。

  贞元十年（794年）五月，庭院的树上缀满了素雅的槐花，它们如轻盈的雪花从空中缓缓飞落,空气中随风飘来一缕淡淡的幽香。

这一日,完成早课的白居易也像往日一样等着父亲一起用餐。可是,久等不见父亲身影,着急的白居易一路小跑着来到父亲的卧房。

"爹爹……"冲进房门的白居易话还没说完,便一眼看到了在床沿啜泣的母亲。白居易挪着脚步走到母亲身旁,目光朝父亲躺着的床上投了过去。他看到父亲直挺挺地躺着一动不动,父亲曾带给他坚毅力量的那双眼已经永远合上了。

这个曾在战场上骁勇善战的勇士,在生活中严肃又不失温情的父亲,在他心底如大山般巍峨的英雄,安详地离开了人世。白居易感到眼前一阵眩晕,心中的支柱仿佛轰然坍塌。白居易紧紧地握住了母亲的手,顷刻间泪如雨下……

人们每每谈及父亲,脑海里总会有太多的形象。我们的父亲也许身居高位,抑或平凡普通,但是他们从不会因为这些外在的身份而丢掉寄予孩子的爱。他们用质朴的言行举止濡染着子女,朴实的他们希望自己的孩子可以活得像大地般平和,如大海般宽广。父爱也早已和血液一起融进了每个子女的身体里,在每个子女的心间流淌。白居易的血液里不正流淌着父亲白季庚那一腔为国为民的热血吗?

在抚慰母亲,收拾好自己悲痛的心情后,白居易便开始料理父亲的丧事。按照唐朝丁忧制度[①]，在襄阳完成治丧后，白居易扶着父亲的灵柩回到了符离东林草堂的家里。白居易要在此为父亲守孝三年。

又回到了符离，回到这个阔别三年的地方，在这里，白居易又见到了许久未见的朋友，见到了日思夜想的湘灵。

这次久别重逢，湘灵看到白居易明显憔悴了很多。看着眼前的白居易眼里布满忧愁，湘灵真切地感受着白居易的丧父之痛。现在的她能做的便是在心里默默地为白居易祈福。守孝的三年里，白居易把所有精力放在了刻苦读书上。他不想辜负父母的期望，也不愿辜负曾经和湘灵的少年之约。

贞元十六年（800年），车水马龙的长安城迎来了守孝期满的白居易。走出人群的白居易喜极而泣，二十九岁的他进士及第。带着进士及第的好消息回到家，白居易再次向母亲提出了娶湘灵为妻的请求。尽管白居易一如既往地诚恳，可白母却始终不为所动。

有时候，一个人执拗的成见就像一座大山，任凭你使出再大的力气，也难以撼动分毫。坚守门当户对观念的母亲还是声色俱厉地拒绝了儿子的请求。这次，白母的语气比以往更加决绝。

---

① 丁忧制度：源于汉代，是中国古代的一项礼制。子女在父母去世后按礼制须守丧三年，其间不行婚嫁，不举行吉庆之典，任官者须离职。

第二卷　谁忍相思不相见

明明深爱却不能在一起，白居易无法理解母亲的决定却又不得不遵循。因为白居易知道，从小到大是母亲悉心呵护他的生活，耐心教导他学习。因为白居易知道，自从父亲去世以后，生活上的重担、精神上的压力更是让母亲喘不过气来。

白居易的心中，母亲应该永远是第一位的。难道此刻，仅仅因为要追求自己的幸福就置母亲的感受于不顾吗？处在深深的矛盾和自责中的白居易痛苦得不能自拔。看着儿子伤心欲绝，白母也是心如刀绞。为了白居易的前程，也为让儿子断绝和湘灵的情丝，白家决定搬离符离。

贞元二十年（804年）的一个秋日，滩河的岸边飘满了落叶，母亲陈氏收拾好所有的家当。这一年，白居易已经三十三岁，湘灵也已二十九岁。曾经的誓言犹在耳畔，可两人的青春年华已悄然流逝。在对的时间里遇到对的人，却因一个陈腐的门第等级观念而错失缘分，这份酸楚多么令人心痛。

食檗不易食梅难，檗能苦兮梅能酸。
未如生别之为难，苦在心兮酸在肝。
晨鸡再鸣残月没，征马连嘶行人出。
回看骨肉哭一声，梅酸檗苦甘如蜜。
黄河水白黄云秋，行人河边相对愁。
天寒野旷何处宿，棠梨叶战风飕飕。
生离别，生离别，忧从中来无断绝。

忧极心劳血气衰,未年三十生白发。

——白居易《生离别》

梅酸檗苦、天寒野旷。白水黄云下的白居易心力交瘁,刚过而立之年的他竟已满头白发。"爱情"这个词在他心里已名存实亡。白居易拒绝了母亲替他找寻来的所有女子,他的心里只能放得下一个湘灵。白居易心灰意冷,他以这样决绝的态度抗拒着母亲的安排,迟迟不成家。

也许,这是此时此刻的白居易唯一能做的!他既想遵守对母亲的孝道,又想守护住自己心底对爱情的纯真向往。母子双方就这样一直僵持着,这一僵持便是五年的时间。

残雪凝辉冷画屏,落梅横笛已三更,
更无人处月胧明。
我是人间惆怅客,知君何事泪纵横,
断肠声里忆平生。

——纳兰性德《浣溪沙·残雪凝辉冷画屏》

第六节　为母终成婚

从符离搬到洛阳后，白居易便把亲人安顿在了洛阳履道里，这就是我们现在说的白氏宅第。

白居易知道自父亲离世以来，母亲扛起家庭重担的不易。生活和精神的双重压力也让白母的心疾时不时发作。为了更好地照顾母亲，白居易还特别请了两个女仆来看护母亲。忙完朝廷的政事后，白居易也把更多的精力和时间放在了母亲身上。

元和四年（809年）的一天，白居易照例来看望母亲。几句闲谈后，母亲再次提起了他的终身大事："我听闻你的同僚杨虞卿有个从妹知书达理、温良贤淑，我瞧着你们两个人倒挺合适的。"

听到母亲这番话，立在一旁的白居易低着头一言不发。

"你心里是不是还在想着湘灵那个姑娘？"

"母亲大人已知孩儿之意，又何必再问，孩儿此生非湘灵不娶！"白居易抬起头看着母亲一字一顿地说道。

看着白居易坚定的态度，白母心中的怒气瞬间燃起。她顺手拿起桌上的剪刀，直指自己的喉咙："我儿要娶湘灵，为娘是绝对不会答应的。如果你再不娶妻成家，为娘就死在你眼前！"

看着尖锐的刀尖离母亲的喉咙越来越近，孝顺的白居易跪在地上，声泪俱下地恳求道："母亲，母亲……孩儿求您先把剪刀放下……"

白母的手还是紧紧地握着剪刀,眼睛死死地盯着白居易厉声问道:"你是娶杨氏还是不娶?"

看着母亲决绝的神情,听着母亲凌厉的话语,白居易真的害怕了,他担心母亲真的会伤害她自己。

当然,透过史书记载,我们知道,白居易的这份担心也并非毫无缘由。白季庚和陈氏本就有着二十七岁的年龄差,贞元十年(794年)时,六十六岁的白季庚在襄阳去世后,本来就有心疾的陈氏承担的压力更大了。时常犯病的陈氏也经常会不小心伤到自己,抑或无意伤到别人而不自知。

此刻,看着母亲情绪如此激动,白居易只得妥协。他无可奈何地答应了母亲的要求,与杨氏结为连理。纵然有再多的不情愿,纵然所有的人都知道白居易心里所爱之人是湘灵,可这年,白家的花轿抬进来的终究是杨家的姑娘。不久后,白居易的女儿金銮子出生。

每每读至此,相信很多人都会为这段有缘无分的爱情扼腕叹息。在一声声叹息里,我总会情不自禁地想起陆游和唐婉,这对才子佳人的故事总会不经意间勾起人们心中无法言说的悲凉感。

与白居易稍显不同的是,身为表兄妹的陆游与唐婉幸运地结为了伉俪,他们也随之享受了一段甜蜜喜悦的新婚时光。怎

第二卷　谁忍相思不相见

奈好景不长，据说因为唐婉不能生育，陆母对这个外甥女也由喜欢变得极为不满。

陆母让陆游写下一纸休书将唐婉送回了娘家。陆游没能违背母亲的命令，无奈与唐婉分离。分别后的两人虽然彼此牵挂着对方，但终没能抵抗住世俗的压力，陆游娶妻生子，唐婉嫁作他人妇。

八年后，一次偶然的游园，他们二人在沈园不期而遇。分别后，抑郁沉痛的陆游在墙上提笔写下了千古流传的《钗头凤·红酥手》。

    红酥手，黄縢酒，
    满城春色宫墙柳。
    东风恶，欢情薄。
    一怀愁绪，几年离索。
    错，错，错！
    春如旧，人空瘦，
    泪痕红浥鲛绡透。
    桃花落，闲池阁。
    山盟虽在，锦书难托。
    莫，莫，莫！

      ——陆游《钗头凤·红酥手》

在沈园和陆游的这次偶遇，也让唐婉的心头泛起了一丝涟漪。待到唐婉再次来到沈园,看到墙上陆游的题词时,她泣不成声。唐婉不禁追思起了往事,提笔和了一首《钗头凤·世情薄》。

> 世情薄,人情恶,
> 雨送黄昏花易落。
> 晓风干,泪痕残,
> 欲笺心事,独语斜阑。
> 难,难,难!
> 人成各,今非昨,
> 病魂常似秋千索。
> 角声寒,夜阑珊,
> 怕人寻问,咽泪装欢。
> 瞒,瞒,瞒!
>
> ——唐婉《钗头凤·世情薄》

"物是人非事事休,欲语泪先流。"这相思之苦,多情之人又怎能熬过?故事的结局我们都已知晓,写完此词后的唐婉郁郁寡欢,不久便香消玉殒。

十年一晃而过,年逾古稀的陆游再次来到沈园。站在墙前的他亦如当年的唐婉一样,一遍遍地读着对方留下的词,不禁泪流满面。

第二卷　谁忍相思不相见

其 一

城上斜阳画角哀，沈园非复旧池台，

伤心桥下春波绿，曾是惊鸿照影来。

其 二

梦断香消四十年，沈园柳老不吹绵。

此身行作稽山土，犹吊遗踪一泫然。

——陆游《沈园二首》

一朝错终成千古恨，再回头已是百年身，这一生终是无缘再聚。等级森严的门阀制度，迂腐不堪的守旧观念，时代的局限造就了众多才子佳人的不幸婚姻。

"世间安得双全法，不负如来不负卿。"简单纯粹的爱情在世俗面前总是被迫承担过于复杂的重担。这重担压得相爱的人根本喘不过气来。

我有所念人，隔在远远乡。

我有所感事，结在深深肠。

乡远去不得，无日不瞻望。

肠深解不得，无夕不思量。

况此残灯夜，独宿在空堂。

秋天殊未晓，风雨正苍苍。

不学头陀法，前心安可忘。

——白居易《夜雨》

第七节　恨极在天涯

婚后的白居易在享受家庭的温馨之余，总会有一丝伤感和落寞，他总是会在某个恍惚的瞬间看到湘灵的身影，而他与湘灵再次相见已是六年之后。

元和十年（815年），白居易因为上书言宰相武元衡被杀一案被贬为江州司马①。

这年的一个凌晨，白居易像往日一样行走在上朝的路上。忽然，几个黑影从他的轿旁一闪而过。紧接着，"啊"的一声惨叫传了过来。白居易慌忙派人前去查看，发现一人已倒在血泊之中。

等到白居易壮着胆子定睛一看，此人身穿紫色朝服、腰佩金鱼袋，这不正是当朝宰相武元衡吗？朝廷命官竟在这皇城下被残忍杀害，倒吸一口凉气的白居易赶紧进宫上报此事。

朝臣听罢，开始议论纷纷。有人猜测是仇杀，可武元衡风度庄重，淡于接物，怎会有仇家呢？

正在大家争长论短之时，又有一个骇人听闻的消息传来：刑部侍郎裴度也在不久前遭遇刺客袭击。幸运的是，在身旁奴仆的誓死保卫之下，身负重伤的裴度侥幸逃脱。

---

① 司马：主武，掌管军事之职。

第二卷 谁忍相思不相见

一日之内,两名朝廷重臣遇刺,大臣们此时更加惶惶不安。如果说对武元衡之死大家还多有猜测,那么裴度遇刺,凶手的目的就不言而喻了,因为武元衡、裴度二人都力主削藩。

前面已阐述安史之乱给唐朝社会所造成的重大破坏,致使各地藩镇割据一方,根本不服从朝廷的管辖。唐宪宗李纯即位后,便制定了一系列征讨藩镇的国策。

元和十年(815年),唐宪宗出兵征讨淮西节度使吴元济。可就在战事进入关键阶段之时,朝堂却出现了两派意见。一派认为淮西战线拉得太长,致使国力空虚,所以力主停战,休养生息。另一派则认为汴州地处中原,乃运河交通要地,这样的地理位置太重要,如果这次不拿下吴元济,以后定是心腹大患。主战的少部分人中,就有武元衡和裴度二人。因此,唐宪宗觉得淮西节度使吴元济的嫌疑最大。

出人意料的是,准备彻查宰相被杀一事的唐宪宗收到的却是几位大臣的怯懦推诿,他们跪地启奏:"陛下,武元衡一案,我等已查明是天意所为。"

"你们有何证据?"

"司天台监曾上报说天相有异。"大臣们唯唯诺诺地答道。

唐宪宗肯定不相信这套荒诞之言,龙颜大怒后,大臣们才缓缓说出实情。原来,负责办案的几位大臣都陆续收到了恐吓信。

刺客竟如此跋扈，火冒三丈的唐宪宗当即下诏："凡擒获刺客者，赏钱一万贯，授五品官……若胆敢有藏匿贼人者，诛杀全家。"紧接着，朝廷在长安城内开启了地毯式搜索。最终，八个精通武艺的嫌疑人在成德进奏院被抓获，幕后主使成德节度使王承宗也慢慢浮出水面。

怒不可遏的唐宪宗立即下令将八名嫌疑人斩首示众，随后以一篇《绝王承宗朝贡敕》斥责王承宗十恶不赦："天地至广，有自绝者不得容；皇王至仁，有当诛者不敢赦。朕缵承丕业，虔奉睿图。乐战佳兵，每思圣祖之诫；纳污藏垢，尝佩先哲之言。罪有难原，事非获已……"

事情到此本该尘埃落定。可没想到的是，没过多久，东都洛阳留守吕元膺在处置一件谋反案时，两名罪犯供出了杀害武元衡的真凶是平卢节度使李师道，而作案原因就是武元衡、裴度二人的削藩主张。

元和十二年（817年），裴度于蔡州生擒吴元济，各藩镇惴惴不安，纷纷上表归顺。两年后，被唐军打得丢盔弃甲的李师道也归降朝廷。至此，宰相被刺事件才画上句号。

那么，白居易为什么会因此事而受到牵连呢？

其实，早在武元衡被刺一年前，朝中政局已经发生了翻天覆地的变化。那一年，宰相李吉甫去世，李绛被外放，当时主持朝局的是宰相张弘靖、韦贯之，两人都是主和派。

第二卷 谁忍相思不相见

目睹宰相武元衡被刺,一心只想缉拿凶手的白居易第一个站出来上书言事,亟请捕贼雪耻。正如史料记载:"是时,盗杀武元衡,京都震扰。居易首上疏,请亟捕贼,刷朝廷耻,以必得为期。"

宰相武元衡当街遇害,唐宪宗自然会追查到底。可此时的白居易身份已不是谏官,而是任职于太子府。白居易曾在任职谏官期间得罪了不少人,就连皇帝最宠幸的宦官吐突承璀也在其中。此时,白居易第一个站出来要求查案,自然就给了这帮人可乘之机。

权贵们诬陷称:"其母因看花堕井而死,而居易作《赏花》及《新井》诗,甚伤名教。"他们以此毁谤白居易犯了有悖人伦的不孝大罪。此时的唐宪宗对白居易也颇有微词,白居易就这样被贬为江州司马。

自古逢秋悲寂寥,长江边上,萧瑟的秋风卷裹着浪花奔涌向前。在这里,落寞潦倒的白居易遇到了漂泊卖艺的湘灵父女。此去经年,少年已历经沧桑。无情的岁月已然改变了两人的青春容颜。曾经的风流才子、温婉佳人都已不再,萧萧的秋风中,只剩下两位泪满衣襟的伤心白发人。

年近四十的湘灵,为了年少时的誓言一直未嫁,彻骨的相思早已改变了她姣好的面容。只是,从那双熟悉的眼眸中,白居易还是看到了十五岁那年的湘灵。湘灵看着瘦骨嶙峋的白居易，不禁一阵心痛，当然，她也看到了他身旁的杨氏。

"愿得一心人，白头不相离"曾是多少痴情女子的真诚心愿，湘灵也不例外。只是眼前的这一幕却那般讽刺，他们不是相守到白头，而是在白发之际意外重逢。此刻，相看泪眼的白居易和湘灵会想起那年符离江边的离别吗？那一年，湘灵年方二八，正是最美的年华；那一年，二十岁的白居易玉树临风。

我梳白发添新恨，君扫青蛾减旧容。
应被傍人怪惆怅，少年离别老相逢。
——白居易《逢旧·其一》

往事重现，历经风雨的人生不觉间已是几度春秋。他们明明相爱，却只能远隔天涯；明明有情，却不能厮守终生。

虽然此时白居易的母亲已仙逝，曾经横亘于他们之间的最大阻碍已消失，可是此刻的湘灵知道，爱虽在，情难却，一切都已回不去了。此刻的白居易也知道，他们现在所能做的只是"发乎情而止乎礼"罢了。

久别偶相逢，俱疑是梦中。
即今欢乐事，放盏又成空。
——白居易《逢旧·其二》

这一次意外的重逢，竟成了白居易和湘灵的人生诀别。被贬江州后，白居易对于仕宦之路开始有了新的考量，他的人生观也从那时起发生了变化。如果说他的心里有什么一直没变的

第二卷　谁忍相思不相见

话,那就是对湘灵刻骨铭心的思念。

待到长庆四年(824年),五十三岁的白居易结束了杭州之任。回到京城后,白居易四下寻找湘灵,找了很久却始终无果。这一年,白居易再次回到了符离。当他再次驻足濉水河畔,往事又清晰地浮现在了他的眼前。循着草堂旧舍的痕迹,风烛残年的白居易多想再见一眼湘灵,可斯人已去,唯有这东去的流水,见证岁月的沧桑。

两小无猜直到今,丙寅鹊脑惯同斟。

鸳鸯向午常交颈,豆蔻多时始见心。

曾赋别,几嗣音,天涯南北雁难寻。

归来朱鸟窗前看,应有蛛丝网画琴。

——董以宁《鹧鸪天·寄》

如今,当我们回顾这首长达三十五年的恋爱苦曲时,当我们回首这段长达三十五年的相恋悲剧时,有缘无分的白居易和湘灵这一错再错的一辈子,留给世人的是无穷的遗憾与叹息。

从古至今,这人世间大抵只有"情"字最难说,总是词不达意。成百上千年了,看都没看明白,又有谁能说得清呢?可说不清道不明的这份情,总寄托着人们内心无比美好的向往。是如"若布衣暖,菜饭饱,一室雍雍,优游泉石"的恬淡?还是如"陪你看尽世间繁华,一生尽疯狂"的热烈?还是如《长恨歌》般"天长地久有时尽,此恨绵绵无绝期"……

绸缪束薪,三星在天。

今夕何夕,见此良人?

子兮子兮,如此良人何?

绸缪束刍,三星在隅。

今夕何夕,见此邂逅?

子兮子兮,如此邂逅何?

绸缪束楚,三星在户。

今夕何夕,见此粲者?

子兮子兮,如此粲者何?

——《国风·唐·绸缪》

第三卷
天长地久有时尽

第一节　偶作仙游客

元和元年（806年）四月，白居易第三次登科，朝廷授任为盩厔县（今西安周至县）尉。

周至，原名盩厔，其意就是曲折、盘旋之处，地处关中西部，南依秦岭，北濒渭水，襟山带河。对于周至，白居易读过卢纶笔下的诗，多少还是向往的。

上方下方雪中路，白云流水如闲步。

数峰行尽犹未归，寂寞经声竹阴暮。

——卢纶《过仙游寺》

来到此地，处理完紧急公务后，白居易便迫不及待地前往仙游寺游历一番。这座衔秦岭而抱黑水的仙游寺，此刻正眺望着远方，似乎在等待一个有缘人来书写一段新的传奇。说起仙游寺的前世，也是颇具传奇色彩。

隋文帝开皇十八年（598年），威名赫赫的隋文帝巡视天下。从京师到麟游仁寿宫要经过盩厔县境，隋文帝打算建十多个供自己游玩的行宫。待隋文帝经过离盩厔县城南十几公里的黑水峪口时，一下就被这里秀丽的山水吸引。

望着这青山绿水，抚掌大笑的隋文帝即刻下令大兴土木，在此敕造行宫以供避暑之用。

皇帝下令建造的行宫，当然得有与之匹配的名字才行，这可让文武大臣们绞尽脑汁。经过几日的冥思苦想，有个大臣猛然想起了秦穆公之女弄玉的故事。

传说秦穆公有一女，名唤"弄玉"。此女长得娇俏动人、惹人怜爱。弄玉住在凤楼之上，平日喜欢在帘内吹笙。

这一夜，弄玉独坐露台吹笙，那轻柔幽婉的笙声乘风而去，向着满天星光的天幕铺散开去。隐隐约约中，弄玉好像听到遥远的星空有一缕箫声，这苍凉的箫声正好与自己的笙声和鸣。

这一夜，弄玉失眠了，直到天亮时才睡去。睡梦中，弄玉见到了一位风流倜傥的少年。这少年骑凤吹箫而来，谦逊有礼地说道："小生萧史，乃太华山之主也，上天命我与尔结为

第三卷　天长地久有时尽

夫妇……"

弄玉一阵羞涩，脸上不禁泛起了红晕。正欲开口言语时，少年忽然不见了踪影。惊醒后的弄玉回忆刚刚做的梦，竟是那么真实。梦中的萧史，更是让她久久不能忘怀。

第二日，弄玉便对父亲秦穆公说起了这件蹊跷事。半信半疑的穆公随即派人去华山找寻，出乎意料的是，使者竟真找到了这位名叫萧史的少年。

金童玉女喜结良缘，婚后的两人笙箫合奏，好似一对神仙眷侣。一日，忽然从天上飞来一对龙凤。人们正在惊讶之时，弄玉和萧史竟相视一笑，驾龙乘凤而去。人们不禁交口称奇，感叹二人当真羽化登仙了！

既然如此，何不取其名为"仙游宫"呢？大臣毕恭毕敬地将"仙游宫"三个字呈报给了隋文帝。

"仙游宫？这名字确实好听！"隋文帝赞赏地点了点头。

读到此处，我也常常在想，隋文帝对"仙游宫"这三个字如此满意，或许还有另外一个原因。

相传隋文帝杨坚小时候是在冯翊般若寺度过的，长至少年后才回到家中。离开冯翊般若寺之前，女尼智仙交给杨坚三十一粒舍利，告诉杨坚将来要好生供养。

如此看来，隋文帝在幼年就与佛家结下了这么一段深厚的缘分。这之后的历史我们都已知晓，隋文帝后来代周自立，建立隋朝。不过，这种"以下犯上"的皇位更迭方式和儒家文化相背。如此，传统史家在文化心理上，自然就对隋文帝有了抵触情绪。

仁寿元年（601年）六月十三日是隋文帝的诞辰。为了表示自己对佛法的虔诚，隋文帝便借此契机颁下诏书，诏令全国三十一州建舍利塔，并将三十一颗舍利分别供入塔内。

> 朕祗受肇命，抚育生民，遵奉圣教，重兴像法。而如来大慈，覆护群品，感见舍利，开导含生。朕已分布远近，皆起灵塔，其间诸州，犹有未遍。今更请大德奉送舍利，各往诸州，依前造塔。所请之僧，必须德行可尊，善解法相，使能宣扬佛教，感悟愚迷。宜集诸寺三纲，详共推择，录以奏闻，当与一切苍生，同斯福业。
>
> ——杨坚《再立舍利塔诏》

皇帝亲下诏书，百官叩头响应，这场声势浩大的建造舍利塔运动便轰轰烈烈地展开了。谁也没有料到隋王朝仅仅存活了三十八年。在仙游行宫建成二十年之后，大隋朝就消失在了浩如烟海的历史长河里。

其物如故，其人却不存。这座巍峨的宫殿送走了它的主人，此后便在历史的尘埃里静默地等待着新的传奇书写者。

朝代更迭，世事变迁，代隋而立的唐朝统治者尊崇道教、佛教。从此，静默的仙游宫又重现了诵经参禅的景象。

第三卷 天长地久有时尽

体恤民情的白居易没有惊扰任何人,他只身一人骑马往仙游寺赶去。由于是第一次游访,时间掐得不够精准。待白居易赶到时,天色已暗。夜幕下的仙游寺如此宁静,迎面吹来的清凉晚风让白居易焦急的心安宁了许多。

立于寺旁,白居易静静聆听着周遭传来的悠悠钟声,那声音空灵神秘。仙游寺要等的那个为其书写新传奇的人,已静静站在它面前。来到院中,在小和尚的引领下,白居易轻轻叩响了住持的房门。

"方丈大师,吾乃盩厔县民,有些许疑问,特来向大师讨教。"

住持双手合十,颔首微笑:"岂敢岂敢,施主但说无妨。"

"敢问大师,何谓'一心三观'?"

"'一心三观'乃是同一时间于一心中空观、假观、中观三种观法,亦称为'三谛'。"

听住持如此言,白居易接着又问道:"'一心三观'又谓'圆融三谛',这一说又有何解?"

住持见白居易问得深刻,心里已料定眼前之人并非普通庶民,遂请白居易来至禅房落座品茗。

"刚才施主所问,依贫僧看来,佛之'法'乃轨持之意,'轨'是理解,'持'是法体。一切'法'皆有'三轨','三轨'配合成空、假、中,三者互相依存,此谓'圆融三谛'。"

似乎是与佛法有深缘，白居易一下子心领神会。他也向住持敞开心扉，亮明了身份。两人谈佛论禅，结为良师益友。不知不觉竟谈至深夜，白居易便在寺中留宿。

卧床后，白居易没有睡意。刚刚和住持的谈话一直在他的脑海中盘旋——"止"为修定，"观"为智慧，止与观乃一体之两面，止中有观，观中有止。

一切法皆是因缘所生，包含一切物质最原始状态的"空观"并非什么都没有，而是要求我们观察到事物的最终本质。"假观"即一切都是，是这个世界呈现在我们面前的样子。而"中观"便是不执着于"有"和"空"。恰如《中庸》所言"致中和，天地位焉，万物育焉。"

青山绿水，经声竹韵，初访仙游寺，白居易便深深地爱上了这里。连住了两夜之后，白居易和住持相约道："这次夜观法王塔，他日定当昼览仙游寺。"

白居易一步三回首，终究还是依依不舍地离开了仙游寺。在白居易下榻的东厢房里，寺僧们看到了白居易留在桌上的诗作。

> 沙鹤上阶立，潭月当户开。
>
> 此中留我宿，两夜不能回。
>
> 幸与静境遇，喜无归侣催。
>
> 从今独游后，不拟共人来。

——白居易《仙游寺独宿》

第三卷　天长地久有时尽

第二节　此地重徘徊

回到府衙后，因为忙于政事，白居易昼游仙游寺的事一再耽搁。一日，白居易因公务外出恰好要从仙游寺经过，又恰遇好友王质夫、陈鸿同行。俗语云："择日不如撞日，撞日不如今日。"在这云稀风微的日子，三人便策马向仙游寺驶去。

秋日的午后，天高云淡。眼前的山峦似点染的画卷般，阳光静静铺洒在秦岭的每一棵树上，透过稀疏的树叶散发出斑驳的光芒。走过神仙桥，转过两道弯，白居易已隐隐约约看见寺院的山门。住持见是故人来，也分外欣喜。四人落座禅房后，又聊起了诗文禅语。

"白县尉此番前来，真是诚信守诺，贫僧自是感动敬佩。真是我朝有贤臣，百姓之福啊！"

白居易拱手自谦道："大师谬赞了！《中庸》有云：'唯天下至诚，为能尽其性；能尽其性，则能尽人之情。'我一儒生，自当信守学问行事做人。"

"县尉所言甚是，学道存乎信，立信存乎诚。古语云：'人而无信，不知其可也！'"一番交谈之后，一旁的寺僧递上纸笔，让白居易题留墨宝。

石拥百泉合，云破千峰开。

平生烟霞侣，此地重徘徊。

今日勤王意，一半为山来。

——白居易《祗役骆口，因与王质夫同游秋山，偶题三韵》

山水之意，故友之情，白居易的真诚心性尽露笔端。随后，白居易跟着住持在正厅诵经祈福后，便和好友王质夫等漫步到了后院。

闲谈间，几人竟不知不觉提及了离此地不远的马嵬驿。说起马嵬驿之变[①]，几人都不禁为此事唏嘘不已。

其 一

云想衣裳花想容，春风拂槛露华浓。

若非群玉山头见，会向瑶台月下逢。

其 二

一枝红艳露凝香，云雨巫山枉断肠。

借问汉宫谁得似，可怜飞燕倚新妆。

其 三

名花倾国两相欢，长得君王带笑看。

解释春风无限恨，沉香亭北倚阑干。

——李白《清平调词三首》

白居易一直将李白视为自己诗歌创作路上的一盏明灯。他欣赏李白"事了拂衣去，深藏身与名"的游侠个性，崇敬李白

[①] 马嵬驿之变：公元755年，安史之乱爆发。次年，唐玄宗逃至马嵬驿。随行将士处死杨国忠，杨玉环被迫自杀。

第三卷　天长地久有时尽

"天生我材必有用,千金散尽还复来"的人生态度。他自然也想和李白一样,用诗歌来传达心中的情思。

此时,想起杨玉环,想起李白的这首诗,白居易不禁感慨物是人非。曾经倾国倾城的佳人,曾经海誓山盟的唐玄宗和杨玉环,曾经无比绚烂的开元盛世[①],都已随风而逝,徒留这处荒冢在寂静的深夜。

"这样一段历史,如果没人以如椽巨笔精心描绘,恐怕不久之后就要消逝在历史的长河里了!"王质夫不无感叹地说道。

说完,王质夫回头看着心事重重的白居易,试探着问道:"乐天兄,你向来深于作诗,多于情,试为歌之,何如?"

我们应该能想象得到,当历史的画面停留在那一刻时,白居易应是沉吟良久的。自古以来,人们口耳相传的故事总是这样:绝世的红颜终成了薄命的祸水。可是,红颜到底又有何错呢?

"我不杀伯仁,伯仁由我死。"因红颜而天下乱,因祸水而红颜逝,这是何等的悲哀啊!当一个柔弱的女子和一国之命运纠缠在一起时,便注定了她的一生和那个时代都将成为人们永远割舍不去的记忆。

妹喜之于夏桀、褒姒之于周幽王……她们的名字因为和一

[①] 开元盛世:唐玄宗治理下出现的盛世。

个朝代的衰亡联系在一起而成为人们茶余饭后的谈资。但一个朝代的覆灭仅仅是因为一个女人吗？难道统治阶级的昏庸无道、腐败无能不是最为根本的原因吗？

君王城上竖降旗，妾在深宫哪得知？

十四万人齐解甲，更无一个是男儿。

——花蕊夫人《述国亡诗》

白居易抬头向西边看去，火红的晚霞已然晕染了整片山林。夕阳下的仙游寺如此宁静，宁静得只听得到风从耳畔吹过的声响。白居易定定地站着，思绪飘到了开元二十二年（734年）。那一年，唐玄宗的爱女咸宜公主正在宫中举行大婚典礼……

龙楼光曙景，鲁馆启朝扉。

艳日浓妆影，低星降婺辉。

玉庭浮瑞色，银榜藻祥徽。

云转花萦盖，霞飘叶缀旂。

雕轩回翠陌，宝驾归丹殿。

鸣珠佩晓衣，镂璧轮开扇。

华冠列绮筵，兰醑申芳宴。

环阶凤乐陈，玳席珍羞荐。

蝶舞袖香新，歌分落素尘。

欢凝欢懿戚，庆叶庆初姻。

暑阑炎气息，凉早吹华辰。

第三卷　天长地久有时尽

方期六合泰，共赏万年春。

——李治《太子纳妃太平公主出降》

第三节　霓裳羽衣舞

开元二十二年（734年）七月的这天，唐玄宗爱女咸宜公主的婚宴上名流如云，花团锦簇。众位靓丽的佳人之中，有个女子清丽伶俐的身影尤为出众，她便是杨玉环。

杨玉环和咸宜公主的结识纯属偶然，不过二人倒是一见如故。不久，两人便成了要好的朋友。这次婚宴，杨玉环正是收到了咸宜公主的邀请而来。

说起杨玉环，她生于开元七年（719年），其高祖杨汪乃是隋朝的吏部尚书，也算是宦门世家。待到开元十七年（729年），父亲不幸离世，她便被寄养到洛阳的叔叔家里。在家族的诗礼文化熏陶下，杨玉环通音律、擅歌舞、温婉有礼。

此刻喧闹的婚宴上，立于唐玄宗身旁的寿王李瑁，正目不转睛地盯着杨玉环。回眸的杨玉环自然看到了深情的寿王，四目相对，两个年轻人迸发出了岩浆般炽热的爱情之火。

回宫后，李瑁便向自己的母亲（当时唐玄宗极为宠爱的武惠妃）提出要纳杨玉环为妃。见过杨玉环的谈吐后，武惠妃也甚为喜欢，她便立即去找唐玄宗说了此事。唐玄宗对武惠妃疼爱有加，很快便应允了。就这样，杨玉环被立为寿王妃。

婚后，李瑁和杨玉环两人琴瑟和谐、情比金坚。三年的幸福时光悄然而过。

开元二十五年（737年）十二月初七，李瑁的母亲、唐玄宗最为宠爱的武惠妃突然染病不幸身亡。失去了挚爱，唐玄宗满脸忧伤，整日郁郁寡欢。

深得唐玄宗信任和倚重的高力士将皇帝的哀伤看在眼里，记在心里。思来想去，或许只有"用新欢替旧爱"方能抚平皇帝的忧伤。如此，高力士便把清丽的杨玉环推到了唐玄宗面前。

关于杨玉环进入唐玄宗视野一事，历史上还有一个观点认为是唐玄宗的授意。无论哪种观点属实，事实是，当唐玄宗看到杨玉环生得清新脱俗、倾国倾城，仪态中竟还有几分颇似武惠妃之处时，便已然动心。

可杨玉环已是寿王妃，是自己的儿媳，若唐玄宗要将其纳为皇妃，岂非乱伦？看到皇帝的担忧，为了堵住天下悠悠之口，为皇帝排忧解难，大臣们便安排杨玉环上演了一出大戏。

先是唐玄宗下了一篇诏文，打着为母亲窦太后祈福的幌子，令杨玉环搬出寿王府，出家为尼。为了安抚寿王，唐玄宗又将大臣韦昭训之女许配予他，并即刻册立韦氏为寿王妃。待杨玉环五年的守戒期一满，唐玄宗便下诏令她还俗，继而纳入宫中，

第三卷　天长地久有时尽

册为贵妃。

这样一出大戏确实够精彩。从此,唐玄宗的身边便有了杨玉环服侍,两人亲密无间、如胶似漆。

皇帝身份之外,唐玄宗还是一位多才多艺的艺术家。唐玄宗精通音律,杨玉环也是聪明灵动,擅长歌舞。两人一拍即合,惺惺相惜,常常欢饮达旦。

此时的唐玄宗还沉浸在他所开创的开元盛世的自豪中,在奸臣的蒙蔽下,唐玄宗看到的依然是繁华昌盛的大唐。他觉得没有必要再去关心百姓民生,也无须耗费心血励精图治。他沉溺于此刻的声色犬马,所有的心思都在美人的一颦一笑上。

　　　　长安回望绣成堆,山顶千门次第开。
　　　　一骑红尘妃子笑,无人知是荔枝来。
　　　　　　　　　　　　——杜牧《过华清宫》

古语云:"一人得道,鸡犬升天。"因为杨玉环的关系,唐玄宗爱屋及乌,杨家一门也尽得皇家恩宠。杨玉环入宫不久,她的三个风姿绰约的姐姐也应诏入宫,分别被册封为虢国夫人、韩国夫人、秦国夫人。她们三人每月单单脂粉费竟有三十多万钱。姊妹之外,杨玉环的堂兄杨国忠也被升为宰相,册封为卫国公。此时杨家人已经飞扬跋扈到毫无顾忌地出入禁门,京师官吏无不为之侧目。

此时,唐玄宗少年天子时的锐意进取已消失不见,整日沉涵于酒色，大唐在奸相杨国忠的把持下日渐衰落。

天宝十四年（755年）十一月，安禄山以讨伐杨国忠为名在范阳起兵叛乱，史思明举旗响应，安史之乱爆发。

战乱中，叛军所到之处势如破竹，县吏们望风而逃。一个月后，洛阳城失守。之后，唐玄宗听信宦官之言，在错杀了大将封常清、高仙芝后又疑心哥舒翰图谋不轨，最终，在听信谗言后采取了错误的御敌之策。紧接着潼关失守，身居长安城的唐玄宗已嗅到了亡国的气息。

这日午后，唐玄宗将禁军的仪仗队迁到了大明宫。傍晚时分，龙武大将军陈玄礼开始整编六军。次日清晨，天蒙蒙亮时，唐玄宗回头看了一眼大明宫后，便带着皇族、宫妃出延秋门往蜀地方向仓皇奔逃。

一路行军，众人疲惫不堪，加之背井离乡，怨声载道。当逃跑至马嵬驿时，随行禁军的愤怒达到了极点。身为统帅，陈玄礼自然看出了将士们的愤怒，他需要立即为此找到一个突破口。

"弟兄们，我们走到如今这一步，谁是罪人？"

"自是奸相杨国忠。"

"那如今我们该怎么办？"

"诛杀此贼，诛杀此贼……"随行禁军一呼百应。

禁军将士群情激愤，在陈玄礼的带领下捉住了杨国忠。这

第三卷 天长地久有时尽

时，禁军中有人走到杨国忠身后枭其首、割其尸。

"杀了杨国忠，若是其妹杨玉环被留下，这日后要是清算该如何是好？"陈玄礼思忖着。既然斩草就要除根，索性一不做二不休，陈玄礼带领禁军将士来到了唐玄宗的驿站门前。

"启奏陛下，臣等已诛杀逆臣杨国忠。"

一听此言，唐玄宗的脸立马变了。他已经意识到接下来可能要发生的事。"朕已知晓，众将士先行休息，我们明日还要继续赶路。"唐玄宗只得假装轻松地说道。

"陛下，恕臣斗胆，今日之情形，贵妃实在是不宜再侍奉陛下左右。"陈玄礼跪地叩头道。

"这事就不劳将军操心了！"唐玄宗说完，甩袖而去。

一听此言，一旁的京兆司录参军也跪了下来，叩头如捣蒜："陛下，照现在这般危急的形势，还望陛下三思啊！"

"贵妃身居宫中，从不干涉朝政，又怎会参与谋反？"唐玄宗已是怒不可遏。

不料，就连一旁的高力士也"扑通"一声跪了下来："陛下，贵妃确实无罪。可是，将士们毕竟已经杀了贵妃之兄，他们此刻又怎会安心贵妃在陛下的身边呢？还望陛下三思啊！"

看着眼前一个个跪在地上的臣子，听着外面六军"杀贵妃、杀贵妃……"的呼喊声，唐玄宗一个踉跄差点摔倒在地。他不知所措地呆坐在椅子上，和杨玉环相守以来的点滴往事一下涌上他的心头。只是,唐玄宗终究没有阻挡住历史向前滚动的车轮,历史的车辙里记下了他最终的选择。

那个曾经醉酒羞花的杨贵妃,那个常得君王带笑看的杨玉环,最终香消玉殒,惨死于马嵬驿下……

唐家国破君不守,独载蛾眉弃城走。
金瓯器重不自持,玉环堕地犹回首。
前星夜入紫微垣,王风净扫长安膻。
上皇卷甲三川外,父老含悲长庆前。
世间万事多反覆,自古欢娱不为福。
君不见西宫露刃迎,何如坡下屯兵宿。

——李东阳《马嵬曲》

第四节　待月长生殿

马嵬驿兵变后,唐玄宗带着难以启齿的心痛奔逃至成都。太子李亨随军逃到朔方,在灵武即位,史称唐肃宗。紧接着,唐肃宗封远在成都的唐玄宗为"太上皇"。即位后,唐肃宗开始施行积极的应战策略,他调回郭子仪和李光弼的五万军队,又从河西、安西征调万名精锐之师,进行全面部署。

至德二年(757年)正月初五,安禄山被其子安庆绪斩杀。

第三卷 天长地久有时尽

随着叛军内讧，战争局势也发生了急剧变化。这一年，唐军收复长安，同年十月，唐军又收复洛阳。

收复两京，政局渐渐趋于稳定，唐肃宗将唐玄宗接回长安。历经生死磨难，父子重逢，两人喜极而泣。可在这感人的表面下，却有暗潮涌动。

唐玄宗还未到长安时，唐肃宗便命人脱下身上的龙袍，换上一身紫袍，来至唐玄宗暂居的楼下，按照君臣礼仪，跪下叩头。唐玄宗眼含热泪地看着唐肃宗，满眼关切地说道："吾儿受苦了！"说着，便命人拿来黄袍，穿在了唐肃宗身上。

回宫时，唐肃宗双手扶着唐玄宗上马，走御用的大道，自己则谨小慎微地靠边而行。坐在马上的唐玄宗看了看一旁的唐肃宗，慢慢地说道："为父当朝快五十年了，从未觉得能像今天这般尊贵！这都是因为今天做了皇帝的父亲啊！"

唐玄宗这话说得很大声，身旁的侍卫听得清清楚楚，这正是他的用意所在。他要所有人知道，年迈的他已别无他想，只想安度晚年。

"可怜红颜总薄命，最是无情帝王家。"冷酷、猜忌，是帝王之家的天性。尽管此刻的唐玄宗表现得如此与世无争，可唐肃宗还是不放心这个曾经开创了开元盛世的父亲。

其实，与后世史学家对唐玄宗造就安史之乱的口诛笔伐不同，时人对唐玄宗的认可度依旧非常高。无论是事前还是事后，人们印象中的唐玄宗还是那个"以雄武之才,再开唐统,贤臣左右,威至在已"的太平天子形象。

"上时自夹城往起居,上皇亦间至大明宫……上皇多御长庆楼,父老过者往往瞻拜,呼万岁,上皇常于楼下置酒食赐之。"从《资治通鉴》的这段记载中,我们能够看到,当时老百姓在长庆楼看到已失去权力的唐玄宗时,仍"瞻拜""呼万岁"。但是,这些话在唐肃宗听起来,俨然是非常刺耳的。

回宫之后,唐玄宗已不再是天子。他被安排住进兴庆宫,从此不再过问朝政。侍候在他左右的还是他仰仗的内侍监高力士、龙武大将军陈玄礼,只是身旁随从及嫔御皆非旧人。自此,唐玄宗的一举一动都在唐肃宗的严密监控之下。

曾经万人朝贺、顶礼膜拜,如今无人问津、备受冷落,唐玄宗的内心无法平静。《明皇杂录》有言:"明皇在南内,耿耿不乐。每自吟太白《傀儡》诗曰'刻木牵丝作老翁,鸡皮鹤发与真同。须臾弄罢浑无事,还似人生一世中'。"

昔日的舞女乐工,昔日熟悉的《霓裳羽衣曲》,一切都已变了味。恍惚间,唐玄宗总会看到杨玉环的影子,总能听到杨玉环的声音。可每当他失声大喊时才发现,一切都是梦。

为了弥补自己内心的愧疚,唐玄宗想派人去悼念、改葬杨贵妃,却遭到了宦官李辅国的阻止。他只能把杨贵妃留下的香囊小心翼翼地藏于衣袖内,日日夜夜睹物思人。别殿之上,唐

第三卷　天长地久有时尽

玄宗令最好的画工画出杨贵妃之像。从早到晚，唐玄宗盯着画像无限感伤。

听闻唐玄宗的失落与怅惘，唐肃宗没有丝毫伤感，反而又威逼唐玄宗搬离南内，迁往西内居住。之后的每日，唐玄宗只能与高力士一同扫除庭院，或讲经论道，或打坐修禅，落寞而孤独。

即便生活已经过得如此清淡，唐肃宗的猜忌仍然没有消散。没过多久，龙武大将军陈玄礼被迫致仕，而陪伴唐玄宗几十年的高力士也被赶出皇宫，流放巫州。

唐玄宗虽心有不舍，却只能眼睁睁地看着二人离开。自此，唐玄宗身边再无一旧人。

朝堂之外如此，朝堂之内也是如此。时任刑部尚书的骨鲠之臣颜真卿，率百官上了一封问候唐玄宗起居的表文，被李辅国记恨，从而被贬为蓬州长史。

曾经的唐玄宗开创开元盛世，天下相和；曾经的唐玄宗佳人相伴，歌舞升平。如今，李辅国为了巩固自己的地位，除了上书唐肃宗称唐玄宗有称帝之心外，竟然还假传皇诏把唐玄宗赶往太极宫甘露殿。随着高力士被流放、陈玄礼被迫致仕，偌大的太极宫里只剩下唐玄宗一人茕茕孑立、形影相吊。

每个孤独的夜晚，唐玄宗总能回忆起那天的巴山古道，凄风寒雨无情地吹打着车马风铃，那如泣如诉的哀怨犹在耳畔。

佳人已香消玉殒,今宵魂归何处?即使是拥有万里江山的一朝天子,又有何用?不一样连自己所爱的红颜知己都保护不了吗?马嵬驿下的荒山孤冢,那轮如雪的月光就这样一夜夜在李隆基的心头升起。

或许,曾经纵横天下的唐玄宗从来都没想过,自己的晚年会落得个孤家寡人的凄凉境地。

宝应元年(762年)四月初五,七十八岁的唐玄宗走完了他的一生。只是每一个宁静的夜晚,当一轮明月高高挂于天空之时,人们总会听到一段哀婉的旋律在太极宫里幽幽倾诉……

斜风凄雨,古桡岩峭,

暮雨未歇。

巴山怅望无际,方肠断处,

风铃悲切。

袅袅疏疏密密,似子规啼血。

不忍听,如恨如怨,

多少怨情与谁说。

人间最苦伤离别,更那堪,

玉魄永湮灭。

今宵魂在何处?

冷雨里,碎铃声咽。

点点滴滴,心似寒泉落飞雪。

第三卷　天长地久有时尽

便纵有万里河山，愧对荒茔月。

——李隆基《雨霖铃·斜风凄雨》

回顾唐玄宗的一生，可谓跌宕起伏。年少时，他在武则天的阴影下长大，一家人相互依偎着取暖，不知道悬着的屠刀什么时候会降临到自己头上。中青年时，他又竭尽全力为父亲夺得皇位，而后自己登基，缔造开元盛世。老年时，他沉迷享乐，导致安史之乱的发生。生命的最后，他痛失爱人，被儿子猜忌，在凄苦中走完人生最后的日子。或许，唐玄宗的是非功过，自留给后人来评说。

十多天后，唐玄宗的儿子唐肃宗，也走完了自己的人生历程。父子间围绕皇权展开的博弈和斗争，随着各自生命的终结而落下帷幕。而皇宫里新一轮的权力之争，也已悄然开启。

三千初击浪，九万欲抟空。

天地犹惊否，阴阳始遇蒙。

存贞期历试，佐贰伫昭融。

多谢时康理，良惭实赖功。

长怀问鼎气，夙负拔山雄。

不学刘琨舞，先歌汉祖风。

英髦既包括，豪杰自牢笼。

人事一朝异，讴歌四海同。

如何昔朱邸，今此作离宫。

雁沼澄澜翠，猿岩落照红。

小山秋桂馥，长坂旧兰丛。

即是淹留处，乘欢乐未穷。

——李隆基《巡省途次上党旧宫赋》

第五节　解吟长恨曲

"乐天，你深于诗，多于情，试为歌之，如何？"看着夕阳下沉默不语的白居易，王质夫再一次恳切地问道。

"便纵有万里河山，愧对荒茔月。"杨玉环和唐玄宗的往事还在白居易的脑海中时断时续地闪现着。此刻的他是以诗诫喻唐宪宗以史为鉴，还是单纯记录下这段惊天动地的爱情故事？白居易独自沉吟良久。

寺旁金黄的银杏叶随着晚风缓缓飘落，飘进了白居易那深邃的眼眸中。将好友王质夫、陈鸿送出寺外，白居易留了下来。他决定要为这段传奇"试歌之"。

伴着晨钟暮鼓，素斋清茶，诗文在白居易的笔下如流水般汩汩而出。从清晨太阳升起，到夜晚寂静降临，宿于仙游寺十多日的白居易，挥笔写下那首传诵千古的《长恨歌》。

汉皇重色思倾国，御宇多年求不得。

第三卷　天长地久有时尽

杨家有女初长成，养在深闺人未识。
天生丽质难自弃，一朝选在君王侧。
回眸一笑百媚生，六宫粉黛无颜色。
春寒赐浴华清池，温泉水滑洗凝脂。
侍儿扶起娇无力，始是新承恩泽时。
云鬓花颜金步摇，芙蓉帐暖度春宵。
春宵苦短日高起，从此君王不早朝。
承欢侍宴无闲暇，春从春游夜专夜。
后宫佳丽三千人，三千宠爱在一身。
金屋妆成娇侍夜，玉楼宴罢醉和春。
姊妹弟兄皆列土，可怜光彩生门户。
遂令天下父母心，不重生男重生女。
骊宫高处入青云，仙乐风飘处处闻。
缓歌慢舞凝丝竹，尽日君王看不足。
渔阳鼙鼓动地来，惊破《霓裳羽衣曲》。
九重城阙烟尘生，千乘万骑西南行。
翠华摇摇行复止，西出都门百余里。
六军不发无奈何，宛转蛾眉马前死。
花钿委地无人收，翠翘金雀玉搔头。
君王掩面救不得，回看血泪相和流。
黄埃散漫风萧索，云栈萦纡登剑阁。

峨嵋山下少人行,旌旗无光日色薄。
蜀江水碧蜀山青,圣主朝朝暮暮情。
行宫见月伤心色,夜雨闻铃肠断声。
天旋日转回龙驭,到此踌躇不能去。
马嵬坡下泥土中,不见玉颜空死处。
君臣相顾尽沾衣,东望都门信马归。
归来池苑皆依旧,太液芙蓉未央柳。
芙蓉如面柳如眉,对此如何不泪垂。
春风桃李花开夜,秋雨梧桐叶落时。
西宫南苑多秋草,宫叶满阶红不扫。
梨园弟子白发新,椒房阿监青娥老。
夕殿萤飞思悄然,孤灯挑尽未成眠。
迟迟钟鼓初长夜,耿耿星河欲曙天。
鸳鸯瓦冷霜华重,翡翠衾寒谁与共?
悠悠生死别经年,魂魄不曾来入梦。
临邛道士鸿都客,能以精诚致魂魄。
为感君王辗转思,遂教方士殷勤觅。
排空驭气奔如电,升天入地求之遍。
上穷碧落下黄泉,两处茫茫皆不见。
忽闻海上有仙山,山在虚无缥缈间。
楼阁玲珑五云起,其中绰约多仙子。

第三卷　天长地久有时尽

中有一人字太真，雪肤花貌参差是。
金阙西厢叩玉扃，转教小玉报双成。
闻道汉家天子使，九华帐里梦魂惊。
揽衣推枕起徘徊，珠箔银屏迤逦开。
云鬓半偏新睡觉，花冠不整下堂来。
风吹仙袂飘飘举，犹似霓裳羽衣舞。
玉容寂寞泪阑干，梨花一枝春带雨。
含情凝睇谢君王，一别音容两渺茫。
昭阳殿里恩爱绝，蓬莱宫中日月长。
回头下望人寰处，不见长安见尘雾。
惟将旧物表深情，钿合金钗寄将去。
钗留一股合一扇，钗擘黄金合分钿。
但令心似金钿坚，天上人间会相见。
临别殷勤重寄词，词中有誓两心知。
七月七日长生殿，夜半无人私语时。
在天愿作比翼鸟，在地愿为连理枝。
天长地久有时尽，此恨绵绵无绝期。

——白居易《长恨歌》

　　白居易开篇即借"汉皇重色思倾国"一句，暗示了安史之乱的原因，给故事抹上了悲剧的色彩。看来极为寻常的七个字却力如千钧，它既揭示了故事的悲剧因素，又唤起和统领全诗，后面之事皆由此而来。

之后诗歌逐步展开，层层叙述。先讲唐玄宗重色，百般求色之后，终将"回眸一笑百媚生，六宫粉黛无颜色"的杨贵妃揽入怀中。接着，诗歌刻画出杨贵妃的盛世美貌，她的妩媚让她冠绝后宫。

正所谓"一人得道，鸡犬升天"，杨家因杨贵妃而变得权势逼人，不可一世，"姊妹弟兄皆列土"。此时，得到杨贵妃的唐玄宗，终日沉迷于歌舞酒色之中，以至于"从此君王不早朝"。

诗人对此进行的反复渲染，点明了安史之乱爆发的原因。这一部分是整个爱情悲剧的基础，是"长恨"的内因之所在。诗人通过这一段宫中生活的写实，不无讽刺地向我们介绍了故事的男女主人公——一个重色轻国的帝王和一个娇媚恃宠的妃子。还形象地暗示我们，唐玄宗的迷色误国就是这一悲剧的根源。

在这出爱情悲剧中，杨贵妃的死是个关键情节。诗人具体描述了安史之乱发生后，皇帝带着兵马仓皇逃入西南的情景，特别是在这一动乱中唐玄宗和杨贵妃爱情的毁灭。

"六军不发"，将士要求处死杨贵妃，说明唐玄宗对杨贵妃的宠爱、迷恋已经引起公愤。这里，诗人用六句话对二人的生离死别进行了描写："六军不发无奈何，宛转蛾眉马前死。花钿委地无人收，翠翘金雀玉搔头。君王掩面救不得，回看血泪相和流。"悲伤之情溢于言表。特别是"君王掩面救不得，回看血

第三卷　天长地久有时尽

泪相和流",诗人用细腻的笔触,把唐玄宗内心极不忍割爱但又欲救不能的矛盾和痛苦心情形象地表现出来。

杨贵妃死后唐玄宗的相思之苦,诗人并未直接描写,而是抓住人物精神世界里揪心的"恨"来抒发婉转凄凉的相思之情。

从"君臣相顾尽沾衣"至"魂魄不曾来入梦",写唐玄宗在时局稳定后从蜀地回京城,路经马嵬坡勾起伤心事。返京以后,更是触景伤情,无法排遣朝思暮想的感伤情怀。唐玄宗回宫以后,物是人非,白天睹物伤情,夜晚"孤灯挑尽未成眠",日思夜想都不能了却缠绵悱恻的相思,只能寄希望于梦境,一生一死分别了多少岁月,只可惜"魂魄不曾来入梦"。"长恨"之"恨",动人心魄。

从"临邛道士鸿都客"至诗的末尾,写道士帮助唐玄宗寻找杨贵妃。诗人采用的是浪漫主义的手法,忽而上天,忽而入地,"上穷碧落下黄泉,两处茫茫皆不见"。

后来,道士在海上虚无缥缈的仙山上找到了杨贵妃,让她以"玉容寂寞泪阑干,梨花一枝春带雨"的形象在仙境中再现,殷勤迎接汉家的使者。含情脉脉,托物寄词,重申前誓,照应唐玄宗对她的思念,进一步深化、渲染"长恨"的主题。

结尾处,白居易用"天长地久有时尽,此恨绵绵无绝期"点明题旨,回应开头。做到了"清音有余",给足了读者联想、回味的空间余地。

历史人物和传说的巧妙融合，婉转回旋的动人故事和世间真情的精妙刻画，白居易的《长恨歌》一问世便让读者为之倾倒。它是对爱情的歌颂还是对荒淫之举的讽喻，抑或是歌颂、讽喻两者皆有呢？

从古至今，站在不同的角度，每个人对白居易所要传达的主题意义各有看法。

俞平伯先生认为，白居易的《长恨歌》只是描述了唐玄宗和杨玉环的一段传奇故事。故事的结局，是马嵬坡下的杨玉环得以侥幸逃脱，唐玄宗对她的情思是生离之恨，并非死别之苦。

国学大家陈寅恪先生则认为，白居易的《长恨歌》是篇偏向于讽喻的诗歌，白居易想借此规劝皇帝要励精图治，不要重蹈历史的覆辙。这之后，周煦良先生在俞平伯观点的基础上加以引申佐证，认为诗的中心思想是要表达杨贵妃对爱情的不忠。

此外，支持爱情说的人、感伤国家衰退的人、拥护多重主题说的人也比比皆是。不过，争论不休中有个共同的观点：《长恨歌》无疑是一曲隽永深远的千古绝唱。

走出禅房，白居易望向了远方的秦岭。他长长地叹了一口气，怅然许久。

其 一

玉辇迢迢别紫台，系环衣畔忽兴哀。

临邛谩道蓬山好，争奈人间有马嵬。

第三卷　天长地久有时尽

其　二

蜀道如天夜雨淫，乱铃声里倍沾襟。

当时更有军中死，自是君王不动心。

——李觏《读长恨辞二首》

第六节　多情空余恨

长恨究竟是谁的恨呢？是要"感其事"还是要"惩尤物"，抑或两者兼而有之？白居易说："一篇长恨有风情，十首秦吟近正声。"这份处于权力中心的爱情，也许从一开始就注定是场悲剧，因为它无法跳脱权力的控制。

"马嵬驿兵变"后，围绕在唐玄宗周遭的一切都变了。他失去了爱情，不久，又失去了权力。属于他的开元盛世就这样一去不复返，化作一缕青烟消散在历史的尘埃里。

在唐玄宗的生命慢慢走到尽头的晚年，他只能在自己孤独的心灵安放些许的思念和回忆。那年七月七日的长生殿，那时"在天愿作比翼鸟，在地愿为连理枝"的山盟海誓。

地久天长，终有尽头。生死遗恨，却无穷无尽。"如果能再见，愿你不再是一国之君，吾亦非嫔妃，我们只是相爱的灵魂相伴到老……"

"天长地久有时尽，此恨绵绵无绝期"，当长安城中人们口耳相传，吟唱着这曲爱情的咏叹调，"在天愿作比翼鸟，在地愿为连理枝"，当相爱的恋人相约践行着爱情的美妙誓约，又有多少人能读懂那时仙游寺里默然许久的白居易，那刻望向远方沉吟许久的白乐天呢？

从表面上看，白居易和大多数诗人一样，对于这样的享乐误国行为是持批判态度的。晚年的唐玄宗沉溺声色，导致朝政荒废、奸臣当道、国家动荡、民不聊生。"春宵苦短日高起，从此君王不早朝"，这不正是一个不理国事的昏君形象吗？

可是，白居易在将自己平生所作的诗篇进行归类时，却唯独没把这首《长恨歌》归为讽喻诗，而把它放进了"感伤"诗一类。

感伤感伤，是有感而发创作的诗歌。这是白居易心中的矛盾，他本是要时时警醒自己，要以唐玄宗之事警示君王，可经过一番深入了解后，白居易被两人的爱情故事打动。此刻，白居易的内心生出一种哀伤，这也才是感伤诗的应有之义。

这首《长恨歌》，我们都已耳熟能详，可或许鲜有人品读过《长恨歌传》。也许，如果没有陈鸿、王质夫的《长恨歌传》，没有他们对白居易的了解与欣赏，没有他们如此郑重其事地邀请甚至是托付白居易完成诗作，中国古代文学史必将缺少一篇旷世名作。而唐玄宗与杨贵妃的爱情故事也必将缺少一段跌宕起

第三卷 天长地久有时尽

伏的深情演绎。

王质夫评价白居易"乐天深于诗、多于情",因为只有一个"深于诗"的诗坛奇才,才有可能在一个老生常谈的故事里翻出新意来。当然,也只有一个"多于情"的诗人,才能在文学中真正让政治归于政治,让爱情回到爱情。

生于官宦世家,二十九岁就进士及第、名动京城——"慈恩塔下题名处,十七人中最少年"。而写《长恨歌》时,三十五岁的白居易因为初恋湘灵得不到母亲认可,还未成家。

白居易这段缠绵悱恻的爱情经历,他的好朋友当然知道,所以他们对白居易才会有"多于情"的评价。如此来看,选择深情、多情的白居易来完成这篇《长恨歌》,似乎是天意。

回到《长恨歌》刻画的人物主角身上,我们发现世人谈及唐玄宗和杨贵妃时焦点大多是在杨贵妃的美貌上,唐玄宗是被杨贵妃美色迷惑的君王。可白居易的《长恨歌》里并没有过度渲染杨贵妃的国色天香,白居易讲的是唐玄宗如何专一地爱着杨贵妃:"春宵苦短日高起,从此君王不早朝。承欢侍宴无闲暇,春从春游夜专夜。后宫佳丽三千人,三千宠爱在一身。"

另外,《长恨歌》后面最重要的篇幅,写的也都是唐玄宗对杨贵妃的思念:"夕殿萤飞思悄然,孤灯挑尽未成眠。迟迟钟鼓初长夜,耿耿星河欲曙天。鸳鸯瓦冷霜华重,翡翠衾寒谁与共。悠悠生死别经年,魂魄不曾来入梦。"

或许，在唐玄宗和杨贵妃这样浓烈的爱情背后，除了杨贵妃的美貌，还有什么在维系着这段感情呢？

在《长恨歌传》里，我们找到了这样的蛛丝马迹："非徒殊艳尤态独能致是，盖才智明慧，善巧便佞，先意希旨，有不可形容者。"

"先意希旨，有不可形容者"，这样一种智慧和爱情完美融合的奇妙境界，足以让帝王放下身段，甘愿将一生沉浸于其中。

其实，如果我们隐去唐玄宗的皇帝身份和大唐贵妃的耀眼光环，我们看到的，只是一个多情的男人和一个柔情的女人间一段纯粹的爱情。"在天愿作比翼鸟，在地愿为连理枝。"这样的爱情，无论何时何地，都令人心生向往。

也许，正是这样的一个令人动容的爱情故事，才让白居易不忍心简单粗暴地对杨贵妃冠以一个"红颜祸国"的帽子吧？如果历史再给唐玄宗一个机会，他又会如何选择呢？可历史就是历史，从来都不允许假设。

夕阳西下，仙游寺钟声又响了起来，白居易将笔轻轻放下，走出禅房。仿佛看着白居易落寞的身影慢慢消失在山林间，我不禁又想起白居易一生挚爱却未能相伴的湘灵。

也许，人生之路本就"如梦幻泡影，如露亦如电"。千变万化的外部世界不过是过眼云烟，转瞬即逝。如此，滚滚红尘中，当美好消逝不见，又何须徒留哀叹呢？

花非花,雾非雾。

夜半来,天明去。

来如春梦几多时?

去似朝云无觅处。

——白居易《花非花》

第七节　相思入梦来

这座仙游寺因为白居易被赋予了新的传奇,也因白居易的《长恨歌》再次声名鹊起。于白居易,他把自己年少的心永远寄留在了这里。

《仙游寺独宿》《期李二十文略、王十八质夫不至,独宿仙游寺》《游仙游山》是白居易留给仙游寺的诗篇,《禁中寓直,梦游仙游寺》《翰林院中感秋怀王质夫(王居仙游山)》《送王十八归山寄题仙游寺》是白居易回到长安任职后对仙游寺的追忆之作。

北宋嘉祐年间,时任凤翔通判的苏轼也来到了仙游寺。也许,视白居易为偶像的苏轼也是因为白居易于此创作《长恨歌》而慕名前来拜访吧。

里里外外、前前后后,苏轼漫步其间,想象着白居易在此写诗的画面。蓦然间，碧水塔基座上的石刻画作吸引了苏轼的注意。画碑看上去不大，绘的都是形象生动的佛国轶事。待一细看，其线条飘逸，眉眼间透着空灵。虽然碑碣只有刻工落款，但这明显不是一般画匠所绘。

经过一番研究，苏轼认为此画作"非吴道子莫能至也"。苏轼的鉴定结论一传十，十传百后，慕名前来仙游寺看画读碑的人络绎不绝。拓碑者整日围着小塔敲打，评论者闹闹哄哄，本来清静的寺庙一时间人声鼎沸。

为了消除这些难以言传的烦恼，僧人将画碑从塔基上取了下来，趁着夜色悄悄将其沉入了寺外幽深的黑河中。

流连于仙游寺的苏轼也留下了《留题仙游潭中兴寺》《南寺》《北寺》《次韵子瞻题仙游潭中兴寺》《仙游潭五首》等诗作。

物换星移，到了明英宗正统六年（1441年），西域喇嘛桑加巴成为仙游寺的主持，仙游寺更名为普缘寺。此时的寺院，规模宏大，佛像精巧。只可惜到了明朝末年，无情的兵火将寺庙毁于一旦。

如今的仙游寺已经被搬迁，新的法王塔虽是原砖修复，却少了岁月沧桑的痕迹，但仍是中国现存的唯一一座隋代砖塔。而历史上的仙游寺早已淹没在坡下那道水湾处。

这里是白居易一见钟情之地。白居易在这里谈佛论禅，白居易在这里吟咏历史，白居易在这里静坐凝思。这里的云泉、这里的山水、这里的一切,也早已幻化成了白居易身体的一部分。

  暗将心地出人间,五六年来人怪闲。

  自嫌恋著未全尽,犹爱云泉多在山。

——白居易《游仙游山》

  第二年秋末冬初之际,白居易终究还是接到了朝廷的诏书,他被招入翰林院升为翰林学士。

  任职盩厔县尉短短一年的时间,白居易已深深地爱上了这片山水,爱上了生活在这片土地上的人。及至回到京城,他的这份思念之情更为深刻,尤其是在寂静的深夜里。恍恍惚惚间,白居易看到仙游寺禅房里的灯光下住持正在打坐念经,他的好友陈鸿正在灯下为他的《长恨歌》作传……

  隐隐约约间,宫里传来三更天的打更声,可是在半睡半醒的白居易听来,那分明是仙游寺绵延悠长的钟声。在白居易的梦里,在仙游寺深远的钟声里,我仿佛又看到了那个多情空余恨的大唐才子白居易……

  西轩草诏暇,松竹深寂寂。

  月出清风来,忽似山中夕。

  因成西南梦,梦作游仙客。

  觉闻宫漏声,犹谓山泉滴。

——白居易《禁中寓直,梦游仙游寺》

第四卷
更结来生未了因

第一节　相逢方一笑

"多情自古空余恨,好梦由来最易醒。"看着满腹才情的白居易离去的背影,我们也慢慢地从他的爱情故事中抽离了出来。多少人在倍感唏嘘之余,也为白居易一生能有知音相伴而稍感欣慰。是的,白居易与好友元稹的相遇相交,也成就了中国文学史上一段难得的佳话。

贞元十八年(802年)的春日,和煦的春风迎面吹来,仿佛在人们的心底播下希望的种子。绽放在百花之先的梅花穿越了寒冬,给这生机勃勃的春天增添了别样的幽香。

如此良辰美景，自是赏心乐事。这一年，三十一岁的白居易通过了吏部平判入等科[①]的考试。紧接着，白居易又参加了第二个科目——书判拔萃科[②]的考试。按照唐朝的科考制度，朝廷会根据书判拔萃科的及第等第来决定授予的官职高低。

对于饱读诗书的白居易来说，这些考试进行得相当顺利。这一年，白居易遇到元稹，收获了与他相伴一生的知己。

活于世上，每个人都是独立的个体。我们一直在人群中，找寻着与自己志趣相投的那群人。有的人穷其一生与酒肉朋友相处，有的人则幸运地找到了与自己灵魂相契的人。

"伯牙善鼓琴，钟子期善听。"伯牙鼓琴，志在登高山。钟子期曰："善哉！峨峨兮若泰山！"志在流水，钟子期则曰："善哉！洋洋兮若江河！"伯牙所念，钟子期必得之。伯牙子期，成就一段高山流水遇知音的佳话。

《史记》记载："相如曰：'夫以秦王之威，而相如廷叱之，辱其群臣，相如虽驽，独畏廉将军哉？顾吾念之，强秦之所以不敢加兵于赵者，徒以吾两人在也。今两虎共斗，其势不俱生。吾所以为此者，以先国家之急而后私仇也。'廉颇闻之，肉袒负荆，因宾客至蔺相如门谢罪。曰：'鄙贱之人，不知将军宽之至

---

① 平判入等科：在吏部铨选试的基础上，逐渐演变而来的一个独立科目。

② 书判拔萃科：唐代各种名目的制科有一百余种，书判拔萃是科目选。

此也。'卒相与欢，为刎颈之交。"

廉颇和蔺相如，成全了一个刎颈相交的传奇。

《列子》记载："管仲尝叹曰：'吾少穷困时，尝与鲍叔贾，分财多自与，鲍叔不以我为贪，知我贫也。吾尝为鲍叔谋事而大穷困，鲍叔不以我为愚，知时有利不利也。吾尝三仕三见逐于君，鲍叔不以我为不肖，知我不遭时也。吾尝三战三北，鲍叔不以我为怯，知我有老母也。公子纠败，召忽死之，吾幽囚受辱，鲍叔不以我为无耻，知我不羞小节而耻功名不显于天下也。生我者父母，知我者鲍叔也！'"

管仲与鲍叔牙，造就了同舟共济的千古美谈。

有人说："人生得一知己足矣，斯世当以同怀视之。"忘年之交的孔融与祢衡，生死之交的刘备、张飞、关羽，舍命之交的角哀与伯桃，鸡黍之交的元伯与巨卿，胶漆之交的陈重与雷义……而最为温暖的莫过于"元白之交"。

贞元十九年（803年），白居易与小他七岁的元稹同登书判拔萃科。之后，他们两人又幸运地被一同分配到了秘书省，担任校书郎之职。

校书郎一职要做的工作是：抄补旧书缺损、抄校新书、抄校皇帝点名要读的书。从工作内容上看，这份工作还算是个闲差。于是，闲暇时间，志同道合的白居易和元稹便相伴游山玩水、赋诗饮酒。

第四卷　更结来生未了因

自我从宦游，七年在长安。

所得惟元君，乃知定交难。

岂无山上苗？径寸无岁寒。

岂无要津水？咫尺有波澜。

之子异于是，久要誓不谖。

无波古井水，有节秋竹竿。

一为同心友，三及芳岁阑。

花下鞍马游，雪中杯酒欢。

衡门相逢迎，不具带与冠。

春风日高睡，秋月夜深看。

不为同登科，不为同署官。

所合在方寸，心源无异端。

——白居易《赠元稹·自我从宦游》

从长安紫陌上的漫步到胡姬酒肆里的诗文唱和，元白二人尽情享受着这段快乐的时光。曲江池、慈恩塔、皇子陂……长安城里的每个角落都留下了白居易和元稹友谊的印迹。他们在相知相伴中越来越了解对方，他们在惺惺相惜中友情日渐浓厚。

弯弯月出挂城头，城头月出照凉州。

凉州七里十万家，胡人半解弹琵琶。

琵琶一曲肠堪断，风萧萧兮夜漫漫。

河西幕中多故人，故人别来三五春。

花门楼前见秋草，岂能贫贱相看老。

一生大笑能几回，斗酒相逢须醉倒。

——岑参《凉州馆中与诸判官夜集》

第二节　无语怨东风

正所谓"男大当婚、女大当嫁"，随着元白二人入仕成了校书郎，他们各自的终身大事也被提上了日程。

白居易因为湘灵的关系还和母亲抗争着，元稹倒没有什么顾忌。这一年，元稹得到了太子少保韦夏卿的赏识，迎娶了其爱女韦丛为妻。说起元稹的爱情，他的那段爱情传奇也一直为人们所津津乐道。

无论是元稹带有自传色彩的《莺莺传》，还是元代戏剧大家王实甫创作的杂剧《西厢记》，我们都能从中找到同一个女主角的名字——崔莺莺。只不过，在相关文化的笔记里，在元稹真实的感情世界中，元稹人生初见的女子是一个叫崔双文的姑娘。

微月透帘栊，萤光度碧空。

遥天初缥缈，低树渐葱茏。

龙吹过庭竹，鸾歌拂井桐。

罗绡垂薄雾，环佩响轻风。

第四卷　更结来生未了因

> 绛节随金母，云心捧玉童。
> 更深人悄悄，晨会雨濛濛。
> 珠莹光文履，花明隐绣栊。
> 宝钗行彩凤，罗帔掩丹虹。
> 言自瑶华浦，将朝碧帝宫。
> 因游李城北，偶向宋家东。
>
> ——《会真诗三十韵》（节选）

贞元十五年（799年），二十一岁的元稹任职于河中府。这样的一个闲职并不是他理想的追求，可当丰满的理想支撑不起骨感的现实时，元稹便选择了稍稍低头，用迂回的战术去慢慢靠近他的理想。

元稹的家族本是鲜卑皇族之后，可到了他父亲这辈时，家族已衰落，曾经的荣耀也已不见踪影。更为惨淡的是，待到元稹八岁时，他的父亲不幸染病去世。

在那样一个时代，孤儿寡母的艰难可想而知，元稹的母亲只得带着元稹兄弟二人寄居娘家。如果说母亲是子女人生道路上的一盏明灯，那么元稹的母亲自然是元稹成长路上一块闪着光的指路牌。贫困清苦的生活没能击败元稹的母亲，她用勤俭自强撑起了这个家，撑起了孩子们头顶的一片天。自此，元稹也变得更加勤奋，他要依靠读书入仕，撑起家庭的重担。

十五岁那年，为了减轻母亲的压力，元稹报考了较为容易的明经一科。凭着元稹的才学，他出师即大捷，一举及第。

及第之后的几年时间里，元稹虽未得到任何官职，但他丝毫未敢荒废光阴。元稹继续勤学苦读，在诗词的海洋里汲取着成长的力量。"清秋上国路，白皙少年人。"在儒学的滋养下，元稹"才华秀拔春兰馥"。此刻，元稹虽然身居蒲州，可心里还记挂着长安即将进行的科考。

这些年，藩镇割据下的大唐朝廷时刻不得安宁，局部的战乱就像吃饭一样平常。贞元十五年（799年）的二月，行军司马陆长源新任节度使，因试图整顿军纪而引发兵变。同年三月，彰义节度使吴少诚作乱，发动对唐州的攻击。

这一年，在普救寺游玩的元稹就遭遇了一场兵乱。幸而元稹足够稳重机智，巧借朋友之力救了郑氏一家。

论起郑氏一家，元稹与他们还算远亲。古语云"滴水之恩，当涌泉相报"。这样的救命之恩，郑氏一家自然是感恩戴德。次日，郑氏一家便大摆宴席款待元稹，以示感谢。

相遇从来就是这样猝不及防。就在这天，元稹见到了芳龄十七的崔双文。她垂鬟接黛，双颊俏丽，光彩动人。灵动清新的崔双文一下让才情满腹的元稹动了心。

用完餐后，元稹对崔双文念念不忘。他对丫鬟红娘打躬作揖，极尽讨好之意，以期红娘能助他一臂之力。

打过几番交道后，红娘也被元稹的一片痴情感动。在丫鬟

第四卷　更结来生未了因

红娘的牵针引线下,元稹得以与崔双文在普救寺的西厢房立下海誓山盟。

戏调初微拒,柔情已暗通。
低鬟蝉影动,回步玉尘蒙。
转面流花雪,登床抱绮丛。
鸳鸯交颈舞,翡翠合欢笼。
眉黛羞频聚,朱唇暖更融。
气清兰蕊馥,肤润玉肌丰。
无力慵移腕,多娇爱敛躬。
汗光珠点点,发乱绿松松。
方喜千年会,俄闻五夜穷。
留连时有恨,缱绻意难终。
慢脸含愁态,芳词誓素衷。
赠环明运合,留结表心同。
啼粉流清镜,残灯绕暗虫。
华光犹冉冉,旭日渐曈曈。
乘鹜还归洛,吹箫亦上嵩。
衣香犹染麝,枕腻尚残红。
幂幂临塘草,飘飘思渚蓬。
素琴鸣怨鹤,清汉望归鸿。
海阔诚难度,天高不易冲。

行云无处所，萧史在楼中。

——元稹《会真诗三十韵》(节选)

古往今来，元稹的爱情故事总是免不了成为人们茶余饭后的谈资。关于元稹到底是真情还是滥情，也成了人们争论的焦点。我想元稹和崔双文自是相爱的，可在婚姻和仕途上，元稹有着自己的打算。元稹要追求的人生伴侣是名门之秀，是世家贵族的小姐，元稹所期待的婚姻是能助他青云直上的政治联姻。

在和崔双文缠绵厮守数月之后，元稹还是踏上了西归京城的赶考之路。临走前，元稹还在崔双文的耳畔柔声蜜语："等我高中，定当回来娶你。"可聪慧的崔双文心里已清楚，她和元稹的缘分也就到此为止了。

贞元十八年（802年）冬日，元稹参加了吏部主试下的书判拔萃科科考。次年春日放榜，二十四岁的元稹获中书判拔萃科第四等，与白居易同时被朝廷授予秘书省校书郎之职。

少年得志，鲜衣怒马，一日看尽长安花。锦上添花的是，这一年，太子少保韦夏卿也看中了意气风发的元稹。韦夏卿随即下令，将自己最为怜爱的小女韦丛许配给他。

韦夏卿，岭南节度行军司马韦迢之子，由吏部侍郎累迁太子少保[1]，和韦夏卿交往的人，皆为一时名士。根基如此深厚的

---

[1] 太子少保：东宫官职，负责教习太子。

第四卷　更结来生未了因

仕宦之家不正是元稹梦寐以求的吗？元稹自是开心不已，喜笑颜开地娶了韦丛为妻，之后便在东都洛阳定居下来。

听闻此讯，虽在自己意料之中，崔双文仍不免肝肠寸断。无可奈何的她，意欲将自己的青春托付他人。怎知听到这个消息后，元稹竟从洛阳赶了回来。他以表哥的身份求见崔双文，却遭到了崔双文的断然拒绝。

弃置今何道，当时且自亲。
还将旧来意，怜取眼前人。

——崔莺莺《告绝诗》

后来的故事，我们都已知晓，元稹把这段往事写成了唐传奇《莺莺传》。只是在故事里，崔双文化名崔莺莺，而他自己则化名张生。

大凡天之所命尤物也，不妖其身，必妖于人。使崔氏子遇合富贵，乘宠娇，不为云，不为雨，为蛟为螭，吾不知其所变化矣。昔殷之辛，周之幽，据百万之国，其势甚厚。然而一女子败之，溃其众，屠其身，至今为天下僇笑。予之德不足以胜妖孽，是用忍情。

——元稹《莺莺传》（节选）

在《莺莺传》的最后，张生为自己的薄情这般辩护。只是后代的史学家们每每在谈及元稹的这段情感经历时，总会更多地为崔双文的遭际鸣不平，斥责元稹的负心薄情。

爱情于人，从来都该是悦人悦己的。戏弄感情，终是丧德之行。只是，或许，只有当事人自己才最清楚，那年的元稹和崔双文究竟经历了怎样的相遇，他们之间到底发生了什么故事。

> 半欲天明半未明，醉闻花气睡闻莺。
> 娃儿撼起钟声动，二十年前晓寺情。
>
> ——元稹《春晓》

大和五年（831年），当五十二岁的元稹走到生命尽头时，他是否还记得与崔双文的初见？他的一生有没有真正爱过这个清丽脱尘的女子呢？每个读者都能从元稹的诗文里找到属于自己内心的答案。

> 朝蕣玉佩迎，高松女萝附。
> 韦门正全盛，出入多欢裕。
> 甲第涨清池，鸣驺引朱辂。
> 广榭舞蓁蓁，长筵宾杂厝。
> 青春讵几日，华实潜幽蠹。
>
> ——元稹《梦游春七十韵》（节选）

第四卷　更结来生未了因

第三节　一谢永销亡

朱门绣户，膏粱锦绣，这是世家大族韦家的盛况。元稹终于如愿以偿地将自己的婚姻和仕途巧妙地结合在了一起。元稹虽身为秘书省校书郎，可这是个闲差，朝廷的俸银自然也是没有多少。"从小锦衣玉食的韦丛能过这样的日子吗？"元稹的心里不觉犯起了嘀咕。

幸运的是，韦丛虽生于富裕之家却不慕虚荣。婚后的几年时间里，虽然日子过得清苦了些，但韦丛却毫无怨言。她勤俭持家、相夫教子，元稹也在长安、洛阳两地奔波。夫妻二人琴瑟和鸣、相敬如宾，五个孩子在爱的家庭中健康成长。

俗语云："天有不测风云，人有旦夕祸福。"元和四年（809年）春日，元稹因上书言事触动了藩镇利益，被外遣至洛阳分务东台[①]。就在元稹黯然于仕途遇挫时，二十七岁的妻子韦丛竟也毫无征兆地倒下，从此再也没有醒过来。

面对这样的双重打击，元稹一下子消沉了许多。在东台的御史任上，元稹常常夜不能寐。他把对亡妻韦氏的思念化作笔下一首首刻骨铭心的诗文。

[①] 东台：唐代东都洛阳的御史台。

其　一

自爱残妆晓镜中，环钗漫篸绿丝丛。
须臾日射燕脂颊，一朵红苏旋欲融。

其　二

山泉散漫绕阶流，万树桃花映小楼。
闲读道书慵未起，水晶帘下看梳头。

其　三

红罗著压逐时新，吉了花纱嫩麴尘。
第一莫嫌材地弱，些些纰缦最宜人。

其　四

曾经沧海难为水，除却巫山不是云。
取次花丛懒回顾，半缘修道半缘君。

其　五

寻常百种花齐发，偏摘梨花与白人。
今日江头两三树，可怜和叶度残春。

——元稹《离思五首》

一碧万顷的沧海，云蒸霞蔚的巫山，这水中之尤，这云中之最，这世间我所爱的唯一的韦丛，你却这样离我远去。一句"曾经沧海难为水，除却巫山不是云"成了多少痴男怨女的爱情座右铭。

如今，每每读起元稹写给韦丛的悼亡诗，绵延不断的相思，

第四卷　更结来生未了因

刻骨之悲，铭心之痛，我们的内心总会泛起一阵阵波澜。

其　一

谢公最小偏怜女，嫁与黔娄百事乖。
顾我无衣搜画箧，泥他沽酒拔金钗。
野蔬充膳甘长藿，落叶添薪仰古槐。
今日俸钱过十万，与君营奠复营斋。

其　二

昔日戏言身后意，今朝都到眼前来。
衣裳已施行看尽，针线犹存未忍开。
尚想旧情怜婢仆，也曾因梦送钱财。
诚知此恨人人有，贫贱夫妻百事哀。

其　三

闲坐悲君亦自悲，百年都是几多时。
邓攸无子寻知命，潘岳悼亡犹费词。
同穴窅冥何所望？他生缘会更难期。
惟将终夜长开眼，报答平生未展眉。

——元稹《遣悲怀三首》

"惟将终夜长开眼，报答平生未展眉"，在无法抑制的悲痛里，元稹只能将平日夫妻生活的点点滴滴化作可以疗伤的慰藉。可越是回忆，就越加痛苦。当我们正为元稹的深情感叹和落泪时，他与一代才女薛涛的爱恨纠葛，又让人对他多了一份薄情的斥责。

元和四年（809年）三月，元稹以监察御史[①]的身份出使蜀地。地方官吏为了巴结他，安排了才貌过人的薛涛与之相会。自古才子配佳人，两人才情出众，一见倾心，在论诗议政中情愫渐深，一段轰轰烈烈的爱情就这样开始了。

  双栖绿池上，朝暮共飞还。
  更忆将雏日，同心莲叶间。

——薛涛《池上双鸟》

只是此情不久，元稹又因弹劾严砺被调任洛阳，乐伎出身的薛涛对元稹的仕途无益，两人劳燕分飞。在对爱情心灰意冷之后，薛涛脱下红装披上一袭道袍，自此再不问世事，只在浣花溪旁守着内心的一方净土。

有人说元稹诗情的一生，情是滥情，诗是哀诗。也有人说元稹的"情"是滥情，亦是深情，元稹的情苦，元稹的爱深。纵观元稹这一段段无疾而终的爱情，我们知道他一直都在婚姻和仕途间权衡，而每一次，元稹都是毫不犹豫地选择了仕途。

只是在每段感情的投入上，我们也都能看到元稹的热烈，在每段感情的分别时，我们也都能听到他的悲歌。悲欢离合的

[①] 监察御史：隋文帝始设，改检校御史为监察御史。唐御史台分为三院，监察御史属察院。

第四卷　更结来生未了因

爱情里,元稹到底是个痴情种还是薄情郎,也许我们每个人都已从历史的只言片语中找到了我们心底的答案……

　　微之以绝代之才华,抒写男女生死离别悲欢之情感,其哀艳缠绵,不仅在唐人诗中不多见,而影响及于后来之文学者尤巨。

——陈寅恪《元白诗笺证稿》(节选)

第四节　念天地之悠

　　仕途受挫,妻子离世,元稹悲痛不已。夜不能寐时,元稹想到了好友白居易。他把哀痛化作笔下的一首首诗,以求一腔悲情能得到好友的慰藉。

　　可怜三月三旬足,怅望江边望驿台。
　　料得孟光今日语,不曾春尽不归来。

——元稹《望驿台·三月尽》

　　"在这三月的最后一丝春光里,我与妻子已经阴阳两隔。这一种相思、两处悲伤,又有谁能慰藉呢?"元稹既然这样问,能慰藉他的当然只有白居易了。

　　驿寄梅花,鱼传尺素。白居易以无尽的情感宽慰着这个受伤的知己:春意阑珊,落红满地;曾经长安城里的那座靖安宅里，你的妻子韦丛不正日日守着窗前的碧柳，凝望和思念着你吗？当三月的春光倏地不见，即使我俩相隔万里，我的朋友，请你放心，我对你的思念始终不会停止。

靖安宅里当窗柳，望驿台前扑地花。

两处春光同日尽，居人思客客思家。

——白居易《望驿台》

同生死、共患难，也许这才是"朋友"两字的真正含义。元稹和白居易二人的惺惺相惜贯穿了他们的一生。

元和元年（806年），时任左拾遗的元稹因直言上书得罪权贵，九月被贬河南。正所谓"福无双至，祸不单行"，八岁失去父亲的元稹，这一年又失去了母亲。

两者相较，失去母亲对元稹而言更为痛心。因为从小母亲教他读书写字，是母亲的坚韧给了他无限的希望。元稹本想为官后能让母亲过上安稳的日子，可人生有一种痛叫"树欲静而风不止，子欲养而亲不待"。

依据唐律，元稹要回乡丁忧二十七个月，而在丁忧期间，朝廷会暂停发放俸禄。这对收入本来不高的元稹来说，无疑是雪上加霜。

同在这一年，性格耿直的白居易也因"对策语直，不得谏官"被外放。虽然自己仕途遭遇坎坷，可看到朋友有难，白居易还是尽己所能，雪中送炭。

第四卷　更结来生未了因

元稹的这段困顿期,因为有白居易的倾囊相助,才艰难度过。元稹母亲的墓志铭也出自白居易之手,从其朴实无华、情真意切的文字里,我们能读出白居易与元稹之间深厚的感情。

三年的守孝期一晃而过,元和四年(809年)春,元稹奉命出使剑南东川。意气风发的他针砭时弊,直言进谏。见友依然如此率真,白居易以诗赞佩,给予元稹精神上的鼓励与支持。

　　　　贤者不为名,名彰教乃敦。
　　　　每惜若人辈,身死名亦沦。
　　　　君为著作郎,职废志空存。
　　　　虽有良史才,直笔无所申。
　　　　何不自著书,实录彼善人。
　　　　编为一家言,以备史阙文。
　　　　　　　——白居易《赠樊著作》(节选)

不幸的是,元稹此番直言劲奏,再次触犯了官僚阶层的利益。在利益集团的又一次撺掇之下,元稹被外遣到了东都洛阳的御史台①。

虽有满腹委屈,但元稹也只得收拾行囊,赶往被贬之地。一路舟车劳顿,不觉已行至汉中。这天晚上的梦里,元稹梦见了与好友白居易又一同来到慈恩寺,他们在大雁塔下谈古论今、

---

① 御史台:东汉始设立,是中央行政监察机关。

吟诗作对。

梦是甜美的，可是梦终究会醒。梦醒时分，听着寂静的夜，怅然许久的元稹起身呆坐了许久。

　　　　梦君同绕曲江头，也向慈恩院院游。
　　　　亭吏呼人排去马，忽惊身在古梁州。

——元稹《梁州梦》

"身无彩凤双飞翼，心有灵犀一点通"，这本是形容恋人间的心灵感应，如果我们把这句话放在元白二人身上，却也毫不违和。

因为就在元稹梦里与白居易相逢这一天，身在长安的白居易刚好和弟弟白行简在慈恩寺游玩赋诗。行走在熟悉的慈恩寺里，白居易对着弟弟白行简不无感慨地说道："这次微之兄没能和我们一起，真是可惜可叹啊！"说罢，思念之深的白居易也赋诗一首聊以自慰。

　　　　花时同醉破春愁，醉折花枝作酒筹。
　　　　忽忆故人天际去，计程今日到梁州。

——白居易《同李十一醉忆元九》

一幻梦一实境，一相思一相忆，我们所谓的心心相印，也不过如此吧！

前往贬谪之地，元稹一直奔波在路上。当行至嘉陵江边时，看着浩浩汤汤的江水拍打着江岸的驿楼，元稹心潮起伏。他回

第四卷　更结来生未了因

想起这些年仕途的浮浮沉沉，心头不觉涌上一丝悲怆。

宿于嘉陵江的那夜，一轮明月悄悄爬上了夜空。夜是如此寂静，寂静得只能听到风吹过江面的声音。元稹对白居易的思念，再次在心底升腾而起。

> 嘉陵江岸驿楼中，江在楼前月在空。
> 月色满床兼满地，江声如鼓复如风。
> 诚知远近皆三五，但恐阴晴有异同。
> 万一帝乡还洁白，几人潜傍杏园东。
>
> ——元稹《使东川·江楼月》

是啊，如此思念好友却不得相见，无奈的元稹也只能自问自答："我知道，如果你在长安，长安也该是一轮明月悬空吧！我知道，那时的你也一定会一个人在曲江岸边的杏园东面看着这般晶莹的月光思念我吧！"

每每读起元稹这首诗，我也总会不由自主地想起杜甫的《月夜》。这首诗本是杜甫表达思念妻子，渴望与家人团圆之情，杜甫却借妻子之口道了出来，这份思念也因此变得更加动人。

> 今夜鄜州月，闺中只独看。
> 遥怜小儿女，未解忆长安。
> 香雾云鬟湿，清辉玉臂寒。
> 何时倚虚幌，双照泪痕干。
>
> ——杜甫《月夜》

元稹的诗跨过浩浩江水，送到了白居易的手上。那一晚，果然是天朗月圆、波光荡漾。读罢诗后的白居易久久不能平静，他的内心深处何尝不在念着元稹？

月圆之夜，人却离别；曲江池畔，嘉陵江岸。纵然不能共赏圆月，亦可回忆我们曾经的美好。与君相怀念，终是肝肠寸断。我想这便是元白二人刻骨铭心的友情吧！

> 嘉陵江曲曲江池，明月虽同人别离。
> 一宵光景潜相忆，两地阴晴远不知。
> 谁料江边怀我夜，正当池畔望君时。
> 今朝共语方同悔，不解多情先寄诗。

——白居易《江楼月》

第五节　岁寒知松柏

这一路的颠沛流离，如果说有什么时候让元稹暂时心安的话，那便是他和白居易互通诗文的时候吧！

元和五年（810年），担任监察御史一职的元稹发现了河南房氏有行为不检之处。愤怒的元稹一纸举报函将房氏罪行上递朝廷。不过，这房氏是房玄龄的后人，对于这样的开国功臣之后，唐宪宗还是有所袒护。

第四卷　更结来生未了因

举报函是送至朝廷了，可朝廷非但没有彻查房氏，反而让元稹即刻回京接受罚俸，元稹这回又吃了一个哑巴亏。

皇帝的旨意，做臣子的元稹又怎敢违抗？元稹立即收拾行囊赶往京城，待马不停蹄地跑到敷水驿时，夕阳已经西下，元稹只得在附近的驿站先住下，第二日再接着赶路。

唐代的驿站相较于前朝已经有了非常大的改善。驿站的业务范围也包含了传递官府文书、军事情报、途中食宿等方方面面。在接待官吏和旅客方面，驿站还设置了所谓的上厅，这其实和我们现在所说的上等客房是一个道理。

不凑巧的是，这日，元稹刚住下没多久，宦官仇士良带着几个小太监也住了进来。唐中后期的宦官对唐朝中后期历史的影响非同小可。从唐德宗时期平定二帝四王之乱[①]起，唐德宗对宦官的信任与日俱增。此时当政的唐宪宗也对这些宦官千般宠幸，万般信任。宦官们仗着有皇帝做靠山，愈发飞扬跋扈。

此刻，这群宦官在驿站大厅里吵嚷着非要住上厅不可，气焰一如既往地嚣张。

按唐时的驿站管理制度，如果碰到御史和监军住到同一家驿站的情况，就按照先来后到的原则办理入住。

"按规定来说，我先来的凭什么要换给你们？"驿馆厅里，

[①] 二帝四王之乱：唐德宗时期一场由于中央政府削藩而引发的叛乱。

看着掌柜已经无力调解，元稹只得自己据理力争。

元稹，一个小小的监察御史，目中无人的宦官又怎会放将其在眼里？

一听元稹居然还敢反抗，小太监们蜂拥而上。在对元稹一顿拳打脚踢后，不肯罢休的小太监又拿出马鞭继续抽打。

一个饱读圣贤书的儒生受此大辱，元稹觉得丢尽了脸面。一到京城，身心俱疲的元稹即刻上书，请求皇帝做主治仇士良等宦官之罪。

无论是爷爷辈的唐德宗，还是孙子辈的唐宪宗，唐中后期宦官的权势是连皇帝都要让三分的。元稹不但没告成状，反倒落了个"轻树威，失宪臣体"的罪名。这次，无奈的元稹除因房氏事件被罚俸银之外，还被贬为江陵府士曹参军。

闻听好友元稹无缘无故遭此屈辱，白居易心中愤愤不平。他随即上书朝廷为元稹求情，可是以他白居易一己之力又能怎样？

元稹只能忍气吞声，自此走上十余年困厄于州郡的贬谪生涯。就在白居易愤懑于元稹的不幸遭遇时，不惑之年的白居易接到了母亲不幸离世的噩耗。

"破屋更遭连夜雨，漏船又遭打头风"，元和六年（811年）十月，白居易不到三岁的女儿金銮子不幸夭折。"望庐思其人，入室想所历"，失去亲人之痛无法言喻。白居易的伤痛也只有元

第四卷　更结来生未了因

稹能感同身受。

那一年,元稹不也是面临这样的离别之痛吗?虽然元稹还处于被贬谪的困顿之中,但元稹也像当年帮助自己的白居易一样,给白居易寄来了关心,送来了资助。

> 一病经四年,亲朋书信断。
> 穷通合易交,自笑知何晚。
> 元君在荆楚,去日唯云远。
> 彼独是何人?心如石不转。
> 忧我贫病身,书来唯劝勉。
> 上言少愁苦,下道加餐饭。
> 怜君为谪吏,穷薄家贫褊。
> 三寄衣食资,数盈二十万。
> 岂是贪衣食,感君心缱绻。
> 念我口中食,分君身上暖。
> 不因身病久,不因命多蹇。
> 平生亲友心,岂得知深浅?
>
> ——白居易《寄元九》

在这首元和九年(814年)白居易写给元稹的诗中,我们也能读到当年元稹慷慨解囊,帮助白居易渡过难关的情意。

古人云:"患难见真情。"世间锦上添花的人很多,雪中送炭的人却太少。从白居易和元稹两人的交往来看,我们读懂了真正的朋友应是同舟共济，真正的友情该是有福同享、有难同当。

其 一

死别已吞声，生别常恻恻。

江南瘴疠地，逐客无消息。

故人入我梦，明我长相忆。

恐非平生魂，路远不可测。

魂来枫林青，魂返关塞黑。

君今在罗网，何以有羽翼？

落月满屋梁，犹疑照颜色。

水深波浪阔，无使蛟龙得。

其 二

浮云终日行，游子久不至。

三夜频梦君，情亲见君意。

告归常局促，苦道来不易。

江湖多风波，舟楫恐失坠。

出门搔白首，若负平生志。

冠盖满京华，斯人独憔悴。

孰云网恢恢，将老身反累。

千秋万岁名，寂寞身后事。

——杜甫《梦李白二首》

第四卷　更结来生未了因

第六节　天涯断肠人

元和十年（815年）正月，元稹终于接到了朝廷命他回京的诏令。他甚是开心，仕途的理想抱负在他的心里再次燃起。当然，回京后，他又能见到好友白居易。

这一年，结束三年守孝期的白居易也早早回到了长安。久别重逢，两人互诉相思之苦，畅谈达旦。诗酒唱和、意气风发之际，他们欣喜地商量着把这些年写的诗编纂成集。还没等到《元白还往诗集》完成的那刻，他们却接到了元稹被贬为通州司马的消息。

三月的小雨还在淅淅沥沥地下着，这李白桃红的春日着实令人怜惜。可此时此刻，白居易和元稹不得不分别，且元稹要去的还是赤地千里的通州。

其　一

茅檐屋舍竹篱州，虎怕偏蹄蛇两头。
暗盅有时迷酒影，浮尘向日似波流。
沙含水弩多伤骨，田仰畬刀少用牛。
知得共君相见否，近来魂梦转悠悠。

其　二

平地才应一顷余，阁栏都大似巢居。
入衙官吏声疑鸟，下峡舟船腹似鱼。

市井无钱论尺丈,田畴付火罢耘锄。
此中愁杀须甘分,惟惜平生旧著书。

其　三

哭鸟昼飞人少见,伥魂夜啸虎行多。
满身沙虱无防处,独脚山魈不奈何。
甘受鬼神侵骨髓,常忧歧路处风波。
南歌未有东西分,敢唱沧浪一字歌。

其　四

荒芜满院不能锄,甑有尘埃圃乏蔬。
定觉身将囚一种,未知生共死何如。
饥摇困尾丧家狗,热暴枯鳞失水鱼。
苦境万般君莫问,自怜方寸本来虚。

——元稹《酬乐天得微之诗知通州事因成四首》

好友远去的悲伤还未消散,同年的八月,白居易又因上疏言宰相武元衡被杀一案,惹怒权贵被贬为江州司马。

伴着萧瑟的秋风,白居易走上几个月前元稹走过的贬谪之路。他愁绪满怀,这一路上,他只能依靠找寻元稹留下的诗文寻求慰藉。行至蓝桥时,白居易终于在驿站的柱子上找到了元稹留给朋友们的一首诗。

泉溜才通疑夜磬,烧烟余暖有春泥。
千层玉帐铺松盖,五出银区印虎蹄。

第四卷　更结来生未了因

　　暗落金乌山渐黑，深埋粉堠路浑迷。

　　心知魏阙无多地，十二琼楼百里西。

　　——元稹《留呈梦得、子厚、致用（题蓝桥驿）》

　　读着元稹的诗，白居易似乎忘记了一路的奔波劳累。沉吟许久，白居易让侍从拿出笔，在被风侵蚀开裂的木柱旁笔走龙蛇地题了《蓝桥驿见元九诗》。

　　蓝桥春雪君归日，秦岭秋风我去时。

　　每到驿亭先下马，循墙绕柱觅君诗。

　　——白居易《蓝桥驿见元九诗》

　　初春时节，桃花初开，那时元稹远在长安。如今八月，满目秋风，白居易东去江州。秋风春雪，这条人生的路途本就风尘仆仆，而元白二人又都被这秋风吹得散落在天涯两端。

　　离开蓝桥驿，白居易由汉水乘舟而下。江上的寒风吹打着这只孤独的小船，吹打着船上孤独的人。夜不能寐的白居易只有一次次地披衣坐起，一遍遍地读着元稹的诗强撑精神。

　　把君诗卷灯前读，诗尽灯残天未明。

　　眼痛灭灯犹暗坐，逆风吹浪打船声。

　　——白居易《舟中读元九诗》

　　通州交通不便、民生凋敝。在恶劣的自然环境下，元稹到达通州不久便患了疟疾，这场病差点要了他的命。可在听闻白居易因上书被贬江州后，元稹还是挣扎着从床上起身，用他那双颤颤巍巍的手表达对好友的关切,写下对好友被贬的极度震惊和心中无法言说的悲凉。

残灯无焰影幢幢,此夕闻君谪九江。
垂死病中惊坐起,暗风吹雨入寒窗。
——元稹《闻乐天授江州司马》

"枕上忽惊起,颠倒着衣裳",这是当年元稹遭贬,白居易期待读到元稹回信时的神态。如今自己被贬,老友"垂死病中惊坐起",这样的深情厚谊怎不令人动容?

收到信后,白居易顿时泪流满面,凄恻难忍:"此句他人尚不可闻,况仆心哉!至今每吟,犹恻恻耳。"

四月十日夜,乐天白:

微之微之!不见足下面已三年矣,不得足下书欲二年矣,人生几何,离阔如此?况以胶漆之心,置于胡越之身,进不得相合,退不能相忘,牵挛乖隔,各欲白首。微之微之,如何如何?天实为之,谓之奈何?仆初到浔阳时,有熊孺登来,得足下前年病甚时一札,上报疾状,次叙病心,终论平生交分。且云:危惙之际,不暇及他,唯收数帙文章,封题其上曰,他日送达白二十二郎,便请以代书。悲哉!微之于我也,其若是乎!又睹所寄闻仆左降诗云,残灯无焰影幢幢,此夕闻君谪九江。垂死病中惊坐起,暗风吹雨入寒窗。此句他人尚不可闻,况仆心哉!至今每吟,

第四卷　更结来生未了因

犹恻恻耳。

　　且置是事，略叙近怀。仆自到九江，已涉三载。形骸且健，方寸甚安。下至家人，幸皆无恙。长兄去夏自徐州至，又有诸院孤小弟妹六七人提挈同来。顷所牵念者，今悉置在目前，得同寒暖饥饱，此一泰也。江州风候稍凉，地少瘴疠。乃至蛇虺蚊蚋，虽有甚稀。溢鱼颇肥，江酒极美。其余食物，多类北地。仆门内之口虽不少，司马之俸虽不多，量入俭用，亦可自给。身衣口食，且免求人，此二泰也。仆去年秋始游庐山，到东西二林间香炉峰下，见云水泉石，胜绝第一，爱不能舍。因置草堂，前有乔松十数株，修竹千余竿。青萝为墙援，白石为桥道，流水周于舍下，飞泉落于檐间，红榴白莲，罗生池砌。大抵若是，不能殚记。每一独往，动弥旬日。平生所好者，尽在其中。不唯忘归，可以终老。此三泰也。计足下久不得仆书，必加忧望。今故录三泰以先奉报，其余事况，条写如后云云。

　　微之微之！作此书夜，正在草堂中山窗下，信手把笔，随意乱书。封题之时，不觉欲曙。举头但见山僧一两人，或坐或睡。又闻山猿谷鸟，哀鸣啾啾。平生故人，去我万里，瞥然尘念，此际暂生。余习所牵，便成三韵云："忆昔封书与君夜，金銮殿后欲明天。今夜封书在何处？庐山庵里晓灯前。笼鸟槛猿俱未死，人间相见是何年？"微之微之！此夕我心，君知之乎？乐天顿首。

——白居易《与元微之书》

驿寄梅花，鱼传尺素。在生命的困顿时刻，两个老友在一封封书信里互诉衷肠，互相慰藉。

远信入门先有泪，妻惊女哭问何如。

寻常不省曾如此，应是江州司马书。

——元稹《得乐天书》

收到白居易的信，还未打开，元稹就已老泪纵横。独处瘴乡，元稹身旁又怎会有志同道合之人？而远在千里之外的白居易能够倾诉心声的又何尝不是只有元稹一人呢？

晨起临风一惆怅，通川湓水断相闻。

不知忆我因何事，昨夜三回梦见君。

——白居易《梦微之·十二年八月二十日夜》

"微之啊微之，千里之外的昨夜，你因为什么在想我？要不然，我怎么会在梦里与你相见？"是啊，本是白居易自己思念元稹，他却故意反问元稹为何这般思念他。

古人云："日有所思，夜有所梦。"你都梦见我了，可我为什么没有梦见你呢？收到信后的元稹竟自责不已。

山水万重书断绝，念君怜我梦相闻。

我今因病魂颠倒，唯梦闲人不梦君。

——元稹《酬乐天频梦微之》

江州通州，一南一北，山高水长。可这千里之遥又哪能阻断元白间的相思之情？如此的情深意重，这般的惺惺相惜，在历代的知音故事里也都难得一见。

此后的十多年，元白二人经历着各自的宦海浮沉、人生际遇。在品尝人生百味的旅途上，元白二人以诗相和，告慰着彼此孤独悲凉的内心。他们鱼传尺素，叙写着天南地北独属于他们的深情厚谊。

> 晴川落日初低，惆怅孤舟解携。
> 鸟向平芜远近，人随流水东西。
> 白云千里万里，明月前溪后溪。
> 独恨长沙谪去，江潭春草萋萋。
> ——刘长卿《谪仙怨》

第七节　唯不忘相思

大和五年（831年）春，洛阳城里的牡丹花竞相盛开。一朵朵硕大的牡丹尽显雍容华贵，一股清新淡雅的牡丹花香随着和煦的春风迎面扑来。这一天，从越州刚回到洛阳的元稹还没坐下休息就急匆匆地出去了，是的，他已迫不及待要见到好友白居易。

听到这熟悉的脚步声，白居易赶忙放下手中的书卷出门迎接。两人执手相看，泪水不禁夺眶而出。已走过天命之年的二人促膝而坐，这些年他们是真的有太多话想说。

时间一分一秒地消逝，转眼间，夕阳已经西下。纵有再多的不舍，纵有千言万语，此刻都化作深深的祝福。临别前，元稹拿起笔给白居易写了两首短诗。

其 一

君应怪我留连久，我欲与君辞别难。
白头徒侣渐稀少，明日恐君无此欢。

其 二

自识君来三度别，这回白尽老髭须。
恋君不去君须会，知得后回相见无？

——元稹《过东都别乐天二首》

白居易一字一句地读着，他的思绪不禁回到了二十八年前的那个春天。那一年，三十一岁的他与二十四岁的元稹风华正茂、意气风发；那一年，他们同中书判拔萃科；那一年，他们一起被授予秘书省校书郎之职……

那些年，白居易期待着好友元稹能留在京都与自己同朝为官；那些年，白居易无比焦急地等待着元稹的来信，以盼相互慰藉。

听着白居易已然苍老的读诗声，元稹也不觉回忆起过往的

第四卷　更结来生未了因

岁月——那段两人相识相伴的日子。

有人说："人生得一知己足矣，斯世当以同怀视之。"是啊，人生在世，若能遇见这样一个人，这一生又夫复何求？他懂你的欲言又止，你知他的言外之意。于人生迷茫时，你们能扶持和慰藉；在人生得意处，你们能共勉前行。你们能彼此懂得、互相理解，你们能不离不弃，一起感动着走过这岁月年华的承诺。

幸运的是，白居易和元稹都遇到了这样的人，他们都成了这样的人。

相遇总是猝不及防，而离别却如同蓄谋已久一般。站在门前的白居易目送元稹，一直到元稹的背影渐行渐远，元稹也是一步三回头，两个人就这样怅然分别。二人都没想到的是，这次的离别竟成了他们的诀别。

送走姹紫嫣红的春日，暑气高涨的盛夏在聒噪的蝉鸣声里悄然而至。七月的一天，在庭院藤椅上读书的白居易莫名地感到一阵心痛，家仆赶紧扶着他到里屋的床上躺下休息。

几天后的一个清晨，正在门前扫地的家仆收到一封从武昌寄来的信。白居易有种不祥的预感，他抖动的双手缓缓拆开信。信中说元稹几天前已在武昌任所不幸暴病身亡。

白居易一看日期，正是自己心口莫名疼痛的那日。白居易顿时觉得胸口被重重击了一拳，伴着一阵剧痛，浑浊的泪水滑过他布满皱纹的脸庞。

其 一

君应怪我留连久,我欲与君辞别难。
白头徒侣渐稀少,明日恐君无此欢。

其 二

自识君来三度别,这回白尽老髭须。
恋君不去君须会,知得后回相见无。

——元稹《过东都别乐天二首》

白居易喃喃自语着元稹前些日子作的这两首诗,一切都好似发生在昨日。可斯人已逝,这无可奈何的事实他又怎能不接受?在元稹家人的嘱托下,痛不欲生的白居易还是拿起了笔,将过往的点点滴滴化作下面这篇情谊满满的祭文。

维大和五年,岁次己亥,十月,乙丑朔,十日辛巳,中大夫、守河南尹、上柱国、晋阳县开国男、食邑三百户、赐紫金鱼袋白居易,以清酌庶羞之奠,敬祭于故相国、鄂岳节度使、赠尚书右仆射元公微之。

惟公家积善庆,天钟粹和,生为国桢,出为人瑞,行业志略,政术文华,四科全才,一时独步。虽历将相,未尽谟猷,故风声但树于藩方,功利不周于夷夏。

噫此苍生之不大遇也,在公岂有所不足耶?《诗》云:"淑人君子,胡不万年?"又云:"如可赎兮,人百其身。"

第四卷　更结来生未了因

此古人哀惜贤良之恳辞也。

若情理愤痛，过于斯者，则号呼壹郁之不暇，又安可胜言哉？呜呼微之！贞元季年，始定交分。行止通塞，靡所不同。金石胶漆，未足为喻。死生契阔者三十载，歌诗唱和者九百章，播于人间，今不复叙。

至于爵禄患难之际，寤寐忧思之间，誓心同归，交感非一，布在文翰，今不重云。唯近者公拜左丞，自越过洛，醉别愁吒，投我二诗云："君应怪我留连久，我欲与君辞别难。白头徒侣渐稀少，明日恐君无此欢。"

又曰："自识君来三度别，这回白尽老髭须。恋君不去君须会，知得后回相见无。"吟罢涕零，执手而去。私揣其故，中心惕然。

及公捐馆于鄂，悲讣忽至，一恸之后，万感交怀。覆视前篇，词意若此。得非魄兆先知之乎？无以继寄悲情，作哀词二首，今载于是，以附奠文。

其一云："八月凉风吹白幕，寝门廊下哭微之。妻孥亲友来相吊，唯道皇天无所知。"其二云："文章卓荦生无敌，风骨精灵殁有神。哭送咸阳北原上，可能随例作埃尘。"

呜呼微之！始以诗交，终以诗诀。弦笔两绝，其今日乎？呜呼微之！三界之间，孰不生死？四海之内，谁无交朋？然以我尔之身，为终天之别。既往者已矣，未死者如何？呜呼微之！六十衰翁，灰心血泪，引酒再奠，抚棺一呼。

《佛经》云："凡有业结，无非因集。"与公缘会，岂是偶然？多生已来，几离几合？既有今别，宁无后期？公虽不归，我应继往。安有形去而影在，皮亡而毛存者乎？呜呼微之！言尽于此。尚飨。

——白居易《祭元微之文》

"安有形去而影在，皮亡而毛存者乎？"是啊，怎么可能有身体都不在了影子还在的人呢？怎么可能有皮都已经消亡了而毛发还存在的人呢？阴阳两隔，在白居易的余生里，便只剩下他对元稹无边无际的思念了。这一番思念，令观者伤心，令读者落泪。

夜来携手梦同游，晨起盈巾泪莫收。
漳浦老身三度病，咸阳宿草八回秋。
君埋泉下泥销骨，我寄人间雪满头。
阿卫韩郎相次去，夜台茫昧得知不。

——白居易《梦微之》

"老来多健忘，唯不忘相思。"曾经的患难与共，过往的风雨同舟，这份情属于尚活着的白居易，亦属于已逝去的元稹。而元白二人也用自己的一生让世人知道，这世上有种友情是可以超乎爱情、超越亲情的，这世上有一种特别的友谊叫作"元稹和白居易"。

想着白居易老泪纵横的模样,我的眼眶也不觉湿润了。人这一生要走多少路才能确定前行的方向,在路上要遇到多少人才能知道与谁同行。白居易和元稹那么幸运,他们在风华正茂的年纪就知道彼此会一路同行,继而相互慰藉走完这一生。在最后落笔的时刻,我想我还是借用宋代诗人杨万里的诗来为元白这段友情作个注脚。

读遍元诗与白诗,一生少傅重微之。

再三不晓渠何意,半是交情半是私。

——杨万里《读元白长庆二集诗》

第五卷
世人谓我恋长安

第一节　红叶寄相思

　　大和五年（831年），六十岁的白居易在这一年丧子又失友，这对一个风烛残年的老人来说无疑是个沉重的打击。看着白居易佝偻的背影渐行渐远，那个十六岁少年意气风发的身影又在我眼前清晰起来。那一年，十六岁的白居易带着自己的梦想来到长安。那一年，十六岁的白居易以一首《赋得古原草送别》名动京城。

　　　　离离原上草，一岁一枯荣。
　　　　野火烧不尽，春风吹又生。

远芳侵古道，晴翠接荒城。
又送王孙去，萋萋满别情。

——白居易《赋得古原草送别》

贞元二年（786年）四月，自称"楚帝"的叛将李希烈被部下陈仙奇毒死，各地战乱终得平息，来年的三月江南处处洋溢着一派盎然的春意。朦胧的烟雨中，几穗汀兰随着微风摇曳着身姿。波光潋滟的轻舟之上，行人的梦想悄悄生长。

这一年，因躲避战乱在江南寄居的白居易，决定北上长安。长安，是历史上第一座被称为"京"的都城。它是十三朝古都，是丝绸之路的东方起点，亦是东西方文化、商业的交流汇聚之地，而彼时的大唐长安城和西方的罗马并列为世界最大的两个国际都会。

这一年，白居易十六岁。十六岁，是一个梦想熠熠生辉的年纪；十六岁，亦是一个不念过往、不畏将来的年纪。气势恢宏的宫殿、车水马龙的街道、林立的商铺、攒动的人群，抬眼望向这座偌大的长安城，那一刻，马车上的白居易会想些什么呢？

百千家似围棋局，十二街如种菜畦。
遥认微微入朝火，一条星宿五门西。

——白居易《登观音台望城》

这座天下第一大城，这千百户的人家像极了一盘黑白相间的围棋，而这纵横交错的十二大街看起来也不过如同农人种的几十片菜地一般。多年以后，已然走入大唐朝廷行列的白居易写下这首诗时，他还会想起十六岁那年的春天吗？那个春日，他第一次见到这座气势恢宏的长安城；那个春日，马车上的少年是否想着要在这片大地上实现一个儒生的家国梦想？

古语云："致天下之治者在人才，成天下之才者在教化。"治国安邦从来都是以人才为先，这也就要求统治者必须为人才提供一个有效的平台。

从先秦时期的选士、养士制到两汉时期的察举制，从魏晋南北朝的九品中正制到隋唐及之后的科举制度，中国古代的人才选拔制度经历了一段漫长的摸索和探讨期。而这不断完善的人才选拔制度也为每个普通人提供了展现自我、实现梦想的机会。于白居易而言，要实现自己的政治理想，无疑也要踏上科举之路。

科举制度自隋代创立以来，为朝廷选拔出了一批又一批优秀的人才。随着时代的发展，科举制度在其后的每个朝代都有独属于它的特点。

唐代的科考是不封考生姓名的，阅卷老师能知道考生姓甚名谁。到了宋朝，考生的姓名是被糊上的，要不然就不会出现欧阳修误判苏轼试卷的乌龙事件了。

除此之外，唐朝在武则天时期曾鼓励自荐，允许有才之士

第五卷 世人谓我恋长安

通过自荐获得朝廷的注意。

这样的一种毛遂自荐,也让一批出身普通而才华横溢之人得到朝廷重用,比如,被后世尊称为"诗佛"的王维正是得到了岐王李范的推荐才以己之才情状元及第。

对于自己的才华,白居易还是自信的,毕竟他饱读诗书,毕竟他笃学不倦。于是,来到长安后的白居易便带着自己的诗文来到时任尚书的顾况家中。

说起这位顾况,虽然当时他的官阶并不高,官声却远近闻名。顾况精通诗画又肯提携后辈,来找顾况的后生自然数不胜数。除了人格魅力外,每每提起这位顾况,人们提及最多的还是那段"红叶传情"的逸闻佳话。

那是天宝年间的一个秋日,霜天红叶,层林尽染,上阳宫水道的池水在秋风的吹拂下缓缓向前流淌。

身在洛阳的顾况,踱步欣赏着东都的秋景,仿似置身于一幅秋天的画卷之中。抬眼看着阳光穿过一片片枫叶,那流泻的光晕一下触动了他的心,刚刚回旋于脑海里的一首诗也随之吟了出来。

也许是顾况的诗太美而让周围的草木都动了情,他不经意间发现,一片随着水流徐徐而下的硕大梧桐叶停在他的面前。顾况隐隐约约看到梧桐叶上似乎有字迹,便弯下腰伸手捞起红叶。待到顾况定睛一看,只见上面工整写着一首诗。诗曰:"一入深宫里，年年不见春。聊题一片叶，寄与有情人。"

顾况一读，发现这首诗写得很是凄美，眼前不觉浮现出一位幽怨的宫女身影。多愁善感的顾况也就近拿笔在红叶上赋诗一首："愁见莺啼柳絮飞，上阳宫里断肠时。君恩不闭东流水，叶上题诗寄与谁？"顾况小心翼翼地将红叶放入水池中，期待着流水能将这片红叶传进宫内。

说起"缘分"二字，确乎奇妙，没想到写诗的宫女还真收到了顾况回的这首诗。读罢这首满怀情思的诗，她深深折服于顾况的才华。要说如此机缘巧合的爱情故事，或许只该存在于小说的故事情节之中，更何况古代的宫女哪能这样自由地恋爱呢？

天宝十四年（755年），安禄山以讨杨国忠为名发动安史之乱。不久，洛阳、长安两都沦陷。唐玄宗带着少数亲眷及佳人逃离长安，余下的佳丽、宫女也只能自寻生路。

趁着这次战乱中的逃离，顾况找到了那位与他红叶传情的宫女，多情的诗人带她从上阳宫逃了出来。从此，两人喜结连理，继而相伴到白首。

这样一段传奇的缘分，如今的我们已不太能分清其中的真真假假了。不过，这样一位富有传奇色彩的风流才子，着实让人多了几分亲近感。而这位富有文艺气息的顾况，也应该会很喜欢和他气味相投的白居易吧！

第五卷　世人谓我恋长安

故园黄叶满青苔，梦后城头晓角哀。
此夜断肠人不见，起行残日影徘徊。

——顾况《听角思归》

第二节　未可轻年少

"拜见顾大人，晚生拙诗还望大人雅正。"进入顾府，白居易毕恭毕敬地献上自己的诗集。

顾况翻开诗集，一眼见到了卷首的署名，不禁微微一笑："白居易，这名字听起来倒不错。不过，年轻人啊，这长安城里物价昂贵，居住可不容易啊！"

其实，饱读诗书的顾况怎么会不知道这"居易"二字的来历？这样一番调侃，无非是想提醒眼前的年轻人，京城里人才济济，想要在这里扎根生活可从来都很艰难。

顾况一边说笑着，一边缓缓翻开白居易带来的诗文。当他读到那首《赋得古原草送别》时，竟态度大变，随即便啧啧赞叹道："诗文写得如此之好，居住下来又有何难呢？老夫前言只是玩笑罢了！"

我们常说："每个卓有成就的艺术家其实都有一颗童心。"这颗童心本质上是不为外界所染的一份纯真，是其与外界所保持独立思考与审美距离的关键。从顾况爽朗的笑声里，从他诚恳的自我纠正中，我们看到了这样一位大诗人的童心以及他对年轻一辈寄予的殷殷厚望。

一丛丛茂盛的野草，在古老的大地上肆意生长。年年岁岁，岁岁年年，它们经历枯萎轮回。无情肆虐的大火曾经想将其斩草除根，可每当和煦的春风轻轻一吹，小草就又都活了过来。它们蓬勃地生长，彰显着生命的活力。

漫漫的古道四周，弥漫着芳草的馨香。荒凉的老城，在阳光下和这青翠的碧草连接在了一起。即将远行的朋友啊，我目睹着你的身影，渐渐地消失在这古道的尽头，隐没在那荒凉的远城之外……

如今，再次读到白居易的这首诗，我已少了儿时的懵懂，多了一丝成长的体悟。是啊，当荒凉的老城终究和碧绿的青草融合在一起，这般缱绻情深不正是朋友间深情厚谊的生动写照吗？我的脑海里不禁浮现出弘一法师的《送别》。

长亭外，古道边，芳草碧连天。
晚风拂柳笛声残，夕阳山外山。
天之涯，地之角，知交半零落。
一壶浊酒尽余欢，今宵别梦寒。
长亭外，古道边，芳草碧连天。
问君此去几时来，来时莫徘徊。

第五卷　世人谓我恋长安

　　天之涯，地之角，知交半零落。
　　人生难得是欢聚，惟有别离多。
　　　　　　　　　　　——李叔同《送别》

　　十六岁的白居易凭借自身才华得到了顾况的青睐，这个愿意提携晚辈的前辈逢人便予以夸赞，丝毫不掩饰对这位年轻人的欣赏。在顾况不遗余力的推荐下，白居易一时间名动京城。

　　后辈才华横溢，前辈慧眼识珠。听着顾况对白居易的赞赏，我不禁想起那年二十一岁的苏东坡和五十一岁的欧阳修。

　　宋嘉祐元年（1056年），苏洵带着二十一岁的苏轼和十九岁的苏辙离开四川眉山老家，进京赶考。

　　宋朝的科考制度和唐朝略有不同，宋真宗时期实行的还是糊名制，考官在阅卷时根本无从知晓答卷的考生姓甚名谁。

　　那年科考的主考官，正是北宋文坛领袖欧阳修。待试卷收上来一批阅，欧阳修指着其中一篇说道："此篇文章在文学造诣上出神入化，妙哉妙哉！"欧阳修嘴上虽夸，心里却泛起了嘀咕：天底下能写出这么好文章的人，估计也就只有我的学生曾巩了。要是我把自己的学生列为第一名，别人会不会觉得我偏心学生、有失公允？

　　犹豫再三，欧阳修给了这篇文章第二名的成绩。待之后试卷汇总，揭下姓名帖的那刻，欧阳修不禁错愕万分，因为试卷的姓名一栏清晰写着：眉山苏轼。

爱才的欧阳修感叹道:"汝记吾言,三十年后,世上人更不道著我也。"这句话的意思是:"你们记住我欧阳修的话,三十年后,人们只会记得苏子瞻,不会有人再记得我欧阳修了。"

三十多年匆匆而过,一千多年匆匆而过,我们记住了率性洒脱的苏轼,我们也没有忘记,其人亦如文章一样豪放大气的欧阳修。

在欧阳修毫不吝啬的赞誉声中,二十一岁的苏轼开始在北宋文坛崭露头角。他像一颗冉冉升起的新星,开始闪耀他绚烂夺目的光芒。

我还知道,在历史长河中闪耀着同样光芒的,还有一个叫王勃的少年英才。

上元二年(675年)的一个秋日,二十五岁的王勃欲前往交趾县看望自己的父亲,途经江西南昌时,恰逢都督阎伯屿在新修的滕王阁里大宴宾客。阎伯屿自然听闻过王勃"初唐四杰"的名号,便也邀请他来参加宴会。

不过,此次阎伯屿大宴宾客,实则暗藏私心,那就是趁此机会在众多名士宾客间展示一下自己女婿的才华。因此,阎伯屿让女婿早早地准备好了一篇序文。

金盘对对插名花,玉碟层层堆异果。篚盛奇品,杯泛流霞,宴会在悦耳动听的丝竹声里拉开了帷幕。阎伯屿满脸喜悦向众宾客举杯说道:"今日能与各位同聚于此,实在是一件幸事。大

第五卷　世人谓我恋长安

家今天要乘兴而来，尽兴而归！"众宾客也随之一起应声举杯，同赞恪勤匪懈的阎伯屿。

酒过三巡，阎伯屿摸了摸胡须说道："承蒙大家谬赞！今日这场盛会实乃为庆贺滕王阁修缮竣工而设啊！不知在座的诸位能否为这场盛会作篇序文？如此，才不会让这场盛会留下遗憾。"

来的这些宾客心里都明白阎伯屿的那点小心思，可都揣着明白装糊涂，所以一个个都委婉推辞。可待问到王勃时，他竟然丝毫没有客套，铺开笔墨信手就要写来。

阎伯屿脸一沉，冷眼看了看王勃，拂袖而去。虽已离去，这阎伯屿心里还是有点不踏实，他实在想看看这个年轻人到底有多大能耐。于是，阎伯屿在书房一边喝着茶，一边让人随时禀报王勃文章的写作进展。

报："豫章故郡，洪都新府。"

"呵，庸俗的开头。"

报："星分翼轸，地接衡庐。"

阎伯屿刚捧起茶杯的双手忽然定格住了："有点意思。"

……

报："落霞与孤鹜齐飞，秋水共长天一色。"

一听到这两句，阎伯屿坐不住了，他激动得拍案叫绝，高声赞叹："真乃天才也！"说完，阎伯屿快步走出书房再度入席，立于王勃身侧，随其笔吟其文。

豫章故郡，洪都新府。星分翼轸，地接衡庐。襟三江而带五湖，控蛮荆而引瓯越。物华天宝，龙光射牛斗之墟；人杰地灵，徐孺下陈蕃之榻。雄州雾列，俊采星驰。台隍枕夷夏之交，宾主尽东南之美。都督阎公之雅望，棨戟遥临；宇文新州之懿范，襜帷暂驻。十旬休假，胜友如云；千里逢迎，高朋满座。腾蛟起凤，孟学士之词宗；紫电青霜，王将军之武库。家君作宰，路出名区；童子何知，躬逢胜饯。

时维九月，序属三秋。潦水尽而寒潭清，烟光凝而暮山紫。俨骖騑于上路，访风景于崇阿；临帝子之长洲，得天人之旧馆。层峦耸翠，上出重霄；飞阁流丹，下临无地。鹤汀凫渚，穷岛屿之萦回；桂殿兰宫，即冈峦之体势。

披绣闼，俯雕甍，山原旷其盈视，川泽纡其骇瞩。闾阎扑地，钟鸣鼎食之家；舸舰弥津，青雀黄龙之舳。云消雨霁，彩彻区明。落霞与孤鹜齐飞，秋水共长天一色。渔舟唱晚，响穷彭蠡之滨；雁阵惊寒，声断衡阳之浦。

遥襟甫畅，逸兴遄飞。爽籁发而清风生，纤歌凝而白云遏。睢园绿竹，气凌彭泽之樽；邺水朱华，光照临川之笔。四美具，二难并。穷睇眄于中天，极娱游于暇日。

天高地迥，觉宇宙之无穷；兴尽悲来，识盈虚之有数。

第五卷　世人谓我恋长安

望长安于日下,目吴会于云间。地势极而南溟深,天柱高而北辰远。关山难越,谁悲失路之人?萍水相逢,尽是他乡之客。怀帝阍而不见,奉宣室以何年?

嗟乎!时运不齐,命途多舛。冯唐易老,李广难封。屈贾谊于长沙,非无圣主;窜梁鸿于海曲,岂乏明时?所赖君子见机,达人知命。老当益壮,宁移白首之心?穷且益坚,不坠青云之志。酌贪泉而觉爽,处涸辙以犹欢。北海虽赊,扶摇可接;东隅已逝,桑榆非晚。孟尝高洁,空余报国之情;阮籍猖狂,岂效穷途之哭!

勃,三尺微命,一介书生。无路请缨,等终军之弱冠;有怀投笔,慕宗悫之长风。舍簪笏于百龄,奉晨昏于万里。非谢家之宝树,接孟氏之芳邻。他日趋庭,叨陪鲤对;今兹捧袂,喜托龙门。杨意不逢,抚凌云而自惜;钟期既遇,奏流水以何惭?

呜乎!胜地不常,盛筵难再;兰亭已矣,梓泽丘墟。临别赠言,幸承恩于伟饯;登高作赋,是所望于群公。敢竭鄙怀,恭疏短引;一言均赋,四韵俱成。请洒潘江,各倾陆海云尔:

　　滕王高阁临江渚,佩玉鸣鸾罢歌舞。

　　画栋朝飞南浦云,珠帘暮卷西山雨。

　　闲云潭影日悠悠,物换星移几度秋。

阁中帝子今何在？槛外长江空自流。

——王勃《滕王阁序》

王勃一挥而就的这篇《滕王阁序》被后人推为"千古第一骈文"，其洋洋洒洒的文字更是被后世赞为"前无古人，后无来者"之作。正如李白在《上李邕》中所写"宣父犹能畏后生，丈夫未可轻年少"。

后生向来可畏也，焉知来者之不如今也！白居易在顾况的举荐下名动长安城，成了长安城里妇孺皆知的少年才子。可自古以来，官场如战场，朝廷局势瞬息万变。没过多久，李泌去世，顾况也失去了他在朝廷的倚仗。遭遇政党排挤，顾况也被贬出朝堂。

民间有"人走茶凉"的说法。如此，哪里还会有人再去理会一个落魄之人曾经夸奖过的年轻人呢。在这之后，白居易在长安又待了多久，史书上没有详细的记录。白居易十六岁那年的名震京城，此事对他之后的科考有没有直接或间接的作用，我们也不得而知。

不过，翻阅历史的卷册，无论是在声名未显之时抑或是在有名之后，我们都能从那些泛黄的字里行间读到那样一位勤勉苦读的白居易，他"昼课赋，夜课书，间又课诗，不遑寝息矣。以至于口舌生疮，手肘成胝"。

何事居穷道不穷，乱时还与静时同。

第五卷　世人谓我恋长安

家山虽在干戈地，弟侄常修礼乐风。

窗竹影摇书案上，野泉声入砚池中。

少年辛苦终身事，莫向光阴惰寸功。

——杜荀鹤《题弟侄书堂》

第三节　萤窗万卷书

白日习文赋，夜间练书法，一有时间便学习诗歌创作，如此勤学苦读的白居易，连休息睡觉的时间都没有。自然，我们也不难想象他读书读到口舌磨出了疮痍，写字写到手肘磨出了老茧的模样。

《周易》卦辞云："天行健，君子以自强不息。地势坤，君子以厚德载物。"勤奋苦读的白居易，自然也得到了命运的眷顾。

贞元十五年（799年）秋日，二十八岁的白居易在宣州应乡试得中。阔别数年后，白居易又一次回到长安，回到了这座他梦想的城市。

贞元十六年（800年），长安城里的春日亦如往年般生机勃勃。二月的春风将一棵棵碧柳裁剪得风姿绰约，拂面而来的空气里尽是春日香甜的味道。这一天，当东方的天空泛起鱼肚白的时候，礼部南院的墙外已经聚集了一众举子。

因为今天是公布进士科成绩的日子，举子们已早早等待于此。不一会儿，只听洪亮的声音从人群中传了出来："快看，榜文出来了……"

白居易循着喊声过去一看，只见礼部的两个官吏手拿金榜，动作娴熟地将榜文贴到了南院的墙上。等候的举子们迫不及待地涌了上去，一双双饱含期待与渴望的眼睛在榜文上仔细搜寻着自己的名字。

看到自己名字的人欣喜若狂地跳了起来，那没有看见自己名字的人黯然神伤地落了泪；有人一步三跳地跑回了家，更多的人一声不吭低着头默默离开……

此时的白居易多少还是有些忐忑不安的，尽管曾经他那么自信，那么勤勉。可毕竟考场如战场，瞬息万变的事情太多了。

白居易挤进人群，双眼从榜文的右边开始，一行行、一字字找起。忽然，他的目光停在第三行的三个字上面。那三个字，他是那么熟悉；那三个字，曾经寄托着朴实的父亲对他的深深期望；那三个字，仿佛一下让他回到了十六岁，那年，他只身来到长安，带着自己的诗作拜见大诗人顾况。

"父亲大人，孩儿中了第四名！母亲大人，孩儿没有辜负您的期望和教导！"白居易在心里默念着，朝着洛阳的方向深深地鞠了一躬。

第五卷　世人谓我恋长安

辛苦的付出终于有了回报，白居易也确实是幸运。这次的进士科考，十七个优秀举子从全国选拔中脱颖而出，白居易便是其中之一。

按照唐朝科考惯例，登科及第的举子们要骑着高头大马，披红挂花行于热闹的街市上。他们将成为万众瞩目的焦点。这个时候，一些达官贵人之家，也会带着自己尚未出嫁的女儿在高楼上眺望，以期能碰到合适的夫婿。

只是此时的白居易，心里已经住了一个湘灵。

举子们走过热闹的大街，穿过簇拥的人群。不一会儿，举子们便骑马来到江边的曲江亭。曲江宴饮，这可是行程中无比重要的一环。"引以为流觞曲水，列坐其次……一觞一咏，亦足以畅叙幽情"，三日的曲江宴饮在诗酒吟唱间一晃而过。

作为新科进士，他们的最后一站是去瞻仰慈恩寺的大雁塔。不仅如此，他们还要在塔上题写自己的名字，这是多少举子梦寐以求的无上荣耀啊！

站在塔下，白居易抬眼望去，不禁想起了这七层高塔的主持修造者——玄奘法师。当年不正是玄奘法师历尽千辛万苦，才将经卷与佛像从遥远的印度带回东土大唐吗？不正是他这种九死一生、舍身求法的精神，激励着一代又一代人去追逐自己心中的理想吗？

此刻，安放在高塔之中的舍利子，似乎也在闪着隐约的亮光。整座大雁塔，好像镀上了一层金色，它渐渐成为所有人心中的一座圣塔。塔前的白居易感慨万千，他回想着当初寺塔初成之时，高宗亲谒慈恩寺且赋诗一首。

日宫开万仞，月殿耸千寻。

花盖飞团影，幡虹曳曲阴。

绮霞遥笼帐，丛珠细网林。

寥廓烟云表，超然物外心。

——李治《谒大慈恩寺》

待到唐中宗即位，这位帝王更是喜欢招集文人雅士随驾游宴于此。君臣间诗词唱和，竟成一时之风。而说起这"雁塔题名"，我们还不得不提一人。此人姓张名莒，他是第一位在雁塔上题名的新科进士。

那是唐中宗神龙年间，就在这座慈恩寺里，就在这座大雁塔前，才华横溢的张莒心中锦绣翻腾，笔下龙蛇走笔。诗文写就后，张莒大笔一挥，将自己的名字醒目地题写在了大雁塔上。

看着张莒的名字能留在如此神圣的宝塔之上，此后的新科进士也都纷纷仿效。雁塔题名由此成为文人雅士追求的潮流。这之后，随着官府雁塔题名的明文批示下达，这种风俗便慢慢地保留了下来。

白居易随着另外十六名新科进士来到那间专为题名用的小屋。大家随即推出一位德高望重的长者，恳请他将所有人的名

第五卷 世人谓我恋长安

字一一写下。看着自己的名字被郑重地题好之后，停顿了几秒的白居易拿起笔，他在自己的名字后又加了一句诗："慈恩塔下题名处，十七人中最少年。"

每每读至此，我的眼前总会浮现出那一刻提笔的白居易，他当是无比自豪的。因为《全唐诗》中曾这样记载过："三十老明经，五十少进士。"在唐朝近三百年的历史里，其中一种说法是进士科开考二百六十四次，可录取人数还不到七千人。这样算下来，平均每场的录取人数还不到二十七人。这样来看，唐朝的进士及第是一件多么不易的事啊！

而在如此艰难的科考之中，在汇聚全国上下的英才里，年仅二十九岁的白居易名列全国第四。我想，在繁花似锦的长安城里，在庄严神圣的慈恩塔下，白居易的确是那最为耀眼夺目的少年！

可从古至今，许多意气风发的少年英才似乎都注定了前途坎坷。他们往往需要在历经各种磨难后，才能破茧化蝶，实现自身的成长与蜕变。

百里奚举于市，舜发于畎亩之中，胶鬲举于鱼盐之中……孟夫子曰："天将降大任于是人也，必先苦其心志，劳其筋骨，饿其体肤，空乏其身，行拂乱其所为，所以动心忍性，增益其所不能。"数百年后，那位"问汝平生功业，黄州惠州儋州"的苏轼不也正是如此吗？

按照唐朝的官员选拔制度，进士及第后还要完成吏部的考试，才能被授予官职。满腹经纶的白居易能顺利地跨越这道关卡，走进大唐的朝堂，实现自己作为一个儒生的家国天下理想吗？而在尝尽这仕途百态之后，他还能在这红尘之中闲庭信步、云淡风轻吗？

我家洗砚池头树，朵朵花开淡墨痕。

不要人夸好颜色，只留清气满乾坤。

——王冕《墨梅》

第四节　致君尧舜上

贞元十九年（803年），三十二岁的白居易登第，被授予校书郎一职。三年后，白居易罢校书郎一职。

初登官场的三年时间里，白居易对仕途政治怀着无限的热情。这一年，为应制举，白居易与元稹在洛阳的华阳观里闭户数月。这期间，元白二人揣摩时事，研究如何解决时下的社会弊端。随之，《策林》七十五篇应运而生。

从"兵不妄动，师必有名"到"善除害者察其本，善理疾者绝其源"。从"备之以储蓄，虽凶荒而人无菜色"到"刑烦犹水浊，水浊则鱼喁；政宽犹防决，防决则鱼逝"。从"圣人非不

第五卷　世人谓我恋长安

好利也,利在于利万人;非不好富也,富在于富天下"到"天地不能顿为寒暑,必渐于春秋;人君不能顿为兴亡,必渐于善恶。善不积,不能勃焉而兴;恶不积,不能忽焉而亡"……

为社稷、为君臣、为民物,白居易和元稹以史为鉴,提出一系列治国安邦的政治主张。他们以《策林》这一著作实践着身为儒家知识分子的家国天下梦。

同年四月,白居易和元稹同登科第。白居易以对策语直入乙等,被朝廷授予周至县尉一职。

任职盩厔县尉期间,白居易心系当地百姓。他常常走到田间地头,化成一个普通农夫,和百姓亲切交谈,了解他们真实的生活状态,帮助他们走出困境。

那年五月的盩厔县,田垄间的小麦已是金黄一片。明灿灿的太阳光照在黄澄澄的麦穗上,人们的眼睛被晃得睁不开。烈日下,弯腰割麦的农人满脸汗水。

白居易站在田埂上,一眼望去,那片金黄色的麦田淹没了农人瘦小的身躯。在太阳光的反射下,农人那晒得黝黑发亮的肤色刺痛了白居易的双眼。

不一会儿,已是中午时分。白居易看到不远处,一群妇女步履蹒跚地朝这边走来。只见她们一手拿着竹篮,一手牵着光脚的孩子。她们是附近村子的,来给田里干活的男人送午饭。

在几声无力的呼喊下,田里的男人停下了手中的镰刀。他们来到树荫下,匆忙地吞咽几口野菜做成的饭食,还没和女人说上几句话,就又回到了田里。

看着他们疲惫的身影再次在麦田中消失不见,白居易不禁湿了眼眶。他回头再看看这些来送饭的女人,她们大都衣衫褴褛,脸色发青。瘦弱无力的她们,身上还挂着破竹筐,低头弯腰拾捡掉在地上的麦穗。

经过几日的民间走访,白居易了解到,即使百姓这样卖力干活,一年的总收入也还不够要纳的税。大多数家庭要想活下去,还得卖儿卖女。

走回县衙时,残阳如血,白居易的心像被镰刀剜到了一样痛。一到县衙,白居易便命人铺开笔墨纸砚,他将自己心中的无奈与自责,都融进了笔下的这首《观刈麦》。

  田家少闲月,五月人倍忙。
  夜来南风起,小麦覆陇黄。
  妇姑荷箪食,童稚携壶浆,
  相随饷田去,丁壮在南冈。
  足蒸暑土气,背灼炎天光,
  力尽不知热,但惜夏日长。
  复有贫妇人,抱子在其旁,
  右手秉遗穗,左臂悬敝筐。
  听其相顾言,闻者为悲伤。

第五卷　世人谓我恋长安

> 家田输税尽，拾此充饥肠。
>
> 今我何功德，曾不事农桑。
>
> 吏禄三百石，岁晏有余粮。
>
> 念此私自愧，尽日不能忘。
>
> ——白居易《观刈麦》

纵观白居易从元和元年（806年）到元和十五年（820年）这一时期的诗歌创作，我们会发现，白居易以他儒家知识分子的精神担当，开始在唐诗的江湖里开宗立派。

随后，一场轰轰烈烈的新乐府诗歌运动在白居易的号召下正式登上历史舞台。他们用诗歌"补察时政，泄导人情"；他们用诗歌"救济人病，裨补时阙"；他们作诗"惟歌生民病，愿得天子知"。

盩厔县尉虽官职较低，却也是个显职。能得此任，也为之后的出将入相赢得了更多机会。在盩厔待了近一年半时间的白居易，于元和二年（807年）擢升为翰林学士。来年四月，三十七岁的白居易被授予左拾遗一职。

多次登科第，官在拾遗，职为学士，白居易慢慢靠近了权力中枢。

"左拾遗"，顾名思义是负责发现并指出皇上政策决策遗漏、失误的一个官职。对于接任这一职位，白居易还是满怀期待的，因为他所崇拜的诗圣杜甫也曾担任过此官职。

作为儒生的白居易，自然怀着杜甫"致君尧舜上，再使风俗淳"的理想。他想象着自己也能"有阙必规，有违必谏，朝廷得失无不察，天下利病无不言"。

这期间，白居易创作了五十首《新乐府》，每首诗都像一把利剑直指社会弊端所在。而我们也从白居易的一首首诗里，读到了一个诗人对百姓的无比深情、一个官员对百姓的无比怜悯。

卖炭翁，伐薪烧炭南山中。

满面尘灰烟火色，两鬓苍苍十指黑。

卖炭得钱何所营？身上衣裳口中食。

可怜身上衣正单，心忧炭贱愿天寒。

夜来城外一尺雪，晓驾炭车辗冰辙。

牛困人饥日已高，市南门外泥中歇。

翩翩两骑来是谁？黄衣使者白衫儿。

手把文书口称敕，回车叱牛牵向北。

一车炭，千余斤，宫使驱将惜不得。

半匹红纱一丈绫，系向牛头充炭直。

——白居易《卖炭翁》

自古伴君如伴虎，一将功成万骨枯。更何况白居易这一职位，还要指出皇帝决策的失误。而诗人又大多带有艺术家的浪漫情怀，白居易更是如此。于是，白居易渐渐似进谏的魏徵，苦口婆心里是对大唐能在唐宪宗手上中兴的无限憧憬。

第五卷 世人谓我恋长安

可唐宪宗终究不是唐太宗，白居易的直言敢谏不仅未得皇帝采纳，反而让唐宪宗对他越来越反感。当然，白居易的直言进谏，也早已让权贵们咬牙切齿、恨之入骨。

元和十年（815年）六月初三，这日的清晨和往日并没有什么不同。五更天时，昨晚那弯上弦月还静静地挂在空中，宰相武元衡就已走在了上朝的路上。

古时的早朝制度，时间要比我们现在上班的时间早太多。一些史册中记载过，有大臣上朝赶路竟因天黑看不清而掉进河里溺亡。

此刻，武元衡走在通往大明宫的路上，四周一片寂静。武元衡也想趁着此时整理整理思路，因为待会儿上朝，他要启奏削藩事宜。

上朝的队伍一路走到靖安坊的东门，这时，迎面忽然飞来一支支冷箭。侍卫手中的灯笼瞬间被射灭，四周顿时一片漆黑。说时迟那时快，还没等侍卫们反应过来，从四面忽然窜出几个蒙面刺客。他们上来就是一顿乱砍，宰相武元衡被当街砍死。

堂堂的大唐宰相，竟在长安街头被刺杀，这件事立刻轰动朝野上下，大臣们纷纷谴责刺客的胆大妄为，只是稍明事理的大臣心里清楚这到底是怎么一回事。

这事还要从元和九年（814年）开始说起。那一年，淮西节度使吴少阳去世，其子吴元济在没有告知朝廷的情况下竟自己执掌兵权。按照唐律，这已是越职行事。可还没等朝廷来追究其责任，执掌兵权的吴元济竟起兵叛乱。

唐宪宗无比恼怒，他觉得自己的皇权受到了挑衅。于是，唐宪宗便委任力主削藩的武元衡统领军队，对淮西叛军进行清剿。

俗语说："做贼心虚。"朝廷的这一举动也引起了成德节度使王承宗、淄青节度使李师道恐惧，因为他们早就是"一条绳上的蚂蚱"了。思来想去，王承宗、李师道担心朝廷这样一动手肯定会牵连自己，于是，他们决定先下手为强，干掉武元衡。

六月初三的清晨，刺客早早埋伏在武元衡上朝的路上。待宰相一出现，他们便疯狂地杀了过去。同在这日清晨，主战派的裴度也在上朝途中被刺。幸运的是，裴度身旁的侍卫与刺客殊死搏斗，奄奄一息的裴度才捡回一条命。这就是被称为"国耻"的宰相遇刺事件。

时任太子左赞善大夫一职，白居易在亲临此件骇事后，即刻上表朝廷。满腔愤怒的他，在表文中言辞激烈，力求朝廷一定要严缉凶手。只是安史之乱后的中唐，外部是日趋严重的藩镇割据，内部又是宦官专权。如果要彻查凶手，势必会牵扯出一大群官吏的利益纠葛。对于朝廷中某些权贵来说，他们自然是不希望看到这样的结果。

再加上白居易之前的直言敢谏，已经让唐宪宗龙颜不悦。权

第五卷　世人谓我恋长安

贵的心里对白居易也早已窝了一肚子的火。他们开始处心积虑地搜罗白居易工作和生活上的纰漏，想让白居易闭嘴滚出朝廷。

最终，权贵们抱团上书朝廷，指责白居易一个小小的太子左赞善大夫竟胆敢越职言宰相被杀一事，所谓"欲加之罪何患无辞"。为了让白居易彻底不能翻身，他们又落井下石，把白居易母亲的死强行关涉进来。

我们在前面曾提到罗振玉、陈寅恪等学者考证出白居易父母是舅甥的近亲关系。也许是迫于社会舆论的压力和自身的身体因素，白母陈氏患有心疾。这种病，类似于现在通俗意义上讲的一些精神类疾病。

翻阅《唐阙史》，我们也会发现，确实有过这样的记载："公母有心疾，因悍妒得之。"书中还提及，白母甚至曾用苇刀自杀过，幸好被白居易派去照顾的侍女发现，才保住了性命。

元和六年（811年）四月，燕子在梁上呢喃，花开了一树又一树。这日，在友人园里赏花的白母不慎跌入枯井而亡。

关于白母之死，历史上除了这种意外之说，还有一种"自杀"之说。哪种说法是真实的，我们不得而知。我们能知道的是，在元和六年（811年）四月的一天，白母带着那样复杂的精神状态离开了人世。

自汉代以来，历朝历代都十分重视孝道。三国两晋时的李密，不正是因为那篇情真意切的《陈情表》打动了晋武帝吗？

除了晋武帝被李密的孝所感动外，李密也因为自己的孝，在中国文学史上芳名远扬。世人常言："读诸葛亮《出师表》不流泪者不忠，读李密《陈情表》不流泪者不孝。"

作为朝廷官吏，若是父母离世，必须辞官回乡守孝三年，史书上将其称为"丁忧"。且在服丧期间，官员不可行婚嫁之事，不可参与行吉庆之典，不可参加科举考试，不可远行他乡。

母亲的去世给了白居易沉重的打击，因为白居易读的书、识的字都是母亲悉心教导的。父亲去世之后，也是年轻的母亲撑起了家庭的重担，含辛茹苦将他抚养成人。

若说白居易不孝顺母亲，确实太过于荒谬。因为白居易已然尽到了一个孝子所能做的一切。为官之后，白居易便把母亲接到了自己身边悉心照顾。除此之外，为了让母亲的生活更加舒适惬意，白居易还特地给母亲请了两个贴身丫鬟。

在给朝廷的很多奏章中，白居易多次表达希望能任职俸禄丰厚官职的意愿。这不是白居易贪图钱财，而是他想减轻母亲的负担。每当母亲犯病时，白居易都不惜重金请来最好的医生给母亲问诊医治。

元和六年（811年）四月，白居易辞了官职，扶着母亲的灵柩回到了老家。在把母亲妥善安葬好之后，待到十月，白居易又赶到新郑把祖父和父亲的灵柩迁回了故里。命运无常，在忙完这一切丧事之后不久，白居易的爱女金銮子竟不幸夭折。

第五卷　世人谓我恋长安

带着失去至亲的痛楚，守孝的三年时间里，白居易除了恪守丁忧所要求的一切规章制度，剩下的便是对母亲无穷无尽的思念。

慈乌失其母，哑哑吐哀音。
昼夜不飞去，经年守故林。
夜夜夜半啼，闻者为沾襟。
声中如告诉，未尽反哺心。
百鸟岂无母，尔独哀怨深。
应是母慈重，使尔悲不任。
昔有吴起者，母殁丧不临。
嗟哉斯徒辈，其心不如禽。
慈乌复慈乌，鸟中之曾参。

——白居易《慈乌夜啼》

"声中如告诉，未尽反哺心。"这是一种多么令人痛心的愧恨哀伤啊！白居易深陷这般痛彻心扉的情绪之中，权贵们还给他强加一个"大不孝"的罪名。

他们上书朝廷，说白居易的母亲是因为赏花坠井而死，但是白居易竟在守孝期间写了赏花诗，这可真是无中生有、肆意编造的恶意指控。白居易的那些赏花诗是他许久之前作的，如此毫无根据的编排，唐宪宗理当有所察觉。

也许是此前积累的嫌隙太深，唐宪宗也觉得白居易言事过矣,于是借此机会把白居易贬出朝廷。元和十年(815年),四十四岁的白居易被贬为江州司马。

在白居易即将奔赴"住近湓江地低湿,黄芦苦竹绕宅生"的江州时,我想我们也很有必要回望一下白居易讽喻诗的创作过往……

> 意气骄满路,鞍马光照尘。
> 借问何为者,人称是内臣。
> 朱绂皆大夫,紫绶悉将军。
> 夸赴军中宴,走马去如云。
> 樽罍溢九酝,水陆罗八珍。
> 果擘洞庭橘,脍切天池鳞。
> 食饱心自若,酒酣气益振。
> 是岁江南旱,衢州人食人!
>
> ——白居易《秦中吟十首·轻肥》

第五节　文章为时著

元和六年(811年)夏,在操劳完母亲的丧事后,白居易生了一场大病。俗话说:"福无双至,祸不单行。"在病倒后不久,白居易刚满三岁的爱女金銮子竟也不幸夭折。

第五卷　世人谓我恋长安

本是四十不惑的年纪，在接连失去生命里的重要亲人后，白居易对人生却有了更多的困惑。他似乎一下变成七十多岁的古稀老人，在耗尽心力后也渐渐失去了对余生的期盼。

其　一

四十未为老，忧伤早衰恶。
前岁二毛生，今年一齿落。
形骸日损耗，心事同萧索。
夜寝与朝餐，其间味亦薄。
同岁崔舍人，容光方灼灼。
始知年与貌，衰盛随忧乐。
畏老老转迫，忧病病弥缚。
不畏复不忧，是除老病药。

其　二

朝哭心所爱，暮哭心所亲。
亲爱零落尽，安用身独存。
几许平生欢，无限骨肉恩。
结为肠间痛，聚作鼻头辛。
悲来四支缓，泣尽双眸昏。
所以年四十，心如七十人。
我闻浮屠教，中有解脱门。
置心为止水，视身如浮云。

斗擞垢秽衣，度脱生死轮。
胡为恋此苦，不去犹逡巡。
回念发弘愿，愿此见在身。
但受过去报，不结将来因。
誓以智慧水，永洗烦恼尘。
不将恩爱子，更种悲忧根。

——白居易《自觉二首》

  丁忧的三年里，白居易思量过再也不涉足政治的旋涡。他也憧憬过像陶渊明那样的隐居生活，在田间地头、茅屋草舍之间寻求一种超脱世俗的宁静。"采菊东篱下，悠然见南山。"

  也许对于遭受过命运无情摧残的人，只能在这样的平淡中才能寻得一丝慰藉从而缓解内心的痛楚吧！白居易也确实和家人一起，种了三十亩黍子和二十畦韭菜。可当他的双脚真正踏进泥土时，那些年他看到的百姓疾苦画面又浮现在他的眼前。

  百姓们除了高度依赖自然条件来种植农作物，更是要缴纳沉重的苛捐杂税。一旦不幸碰到大灾之年，老弱妇孺也只得通过挖野菜、剥树皮来填肚子，富贵人家竟用粮食来喂马。

  "朱门酒肉臭，路有冻死骨。荣枯咫尺异，惆怅难再述。"诗圣杜甫的这句诗又何曾过时？目睹全村百姓衣不蔽体的惨象，白居易深感自责。他无法再做一只埋头的鸵鸟，自欺欺人。

  三年的守孝期满时，已是元和九年（814年），那个心怀

第五卷　世人谓我恋长安

兼济天下抱负的白居易被再次召回长安，获授太子左赞善大夫一职。

"胶鬲举于鱼盐之中，管夷吾举于士，孙叔敖举于海，百里奚举于市。故天将降大任于是人也，必先苦其心志，劳其筋骨，饿其体肤，空乏其身，行拂乱其所为……"古往今来，孟夫子的这段话激励着多少仁人儒生不畏艰难，奋勇前行。

幸运的是，白居易的初心一直未变，实践始终如一。他进亦忧、退亦忧。被贬江州后，哪怕一切都已变得那般困顿，他依然笔耕不辍，任上的他写下了《与元九书》，其中"文章合为时而著，歌诗合为事而作。"他的手又一次拿起诗歌这把利剑向当时的社会不公宣战。

于是，白居易在中国文学史上留下了浓墨重彩的一笔。新乐府运动的丰碑上也永远镌刻下了元白二人的名字。

序曰：凡九千二百五十二言，断为五十篇。篇无定句，句无定字，系于意，不系于文。首句标其目，卒章显其志，《诗》三百之义也。

其辞质而径，欲见之者易谕也。其言直而切，欲闻之者深诫也。其事核而实，使采之者传信也。其体顺而肆，可以播于乐章歌曲也。总而言之，为君、为臣、为民、为物、为事而作，不为文而作也。元和四年，为左拾遗时作。

——白居易《新乐府并序》

白居易在《新乐府并序》中对新乐府诗进行了系统且深入的阐述。质朴易懂、真切直率的现实主义，是其最为突出的风格特点。

"新乐府"，顾名思义，它是相较于"古乐府"而言的全新诗歌范式。那什么是"乐府"呢？它是汉武帝时期设立的一个音乐机构，专门负责诗歌的采集和创作。乐府诗歌中有相当一部分作品采自民间，作为大众喜闻乐见的诗歌，"感于哀乐，缘事而发"成了其最为重要的特征。

随着历史的车轮滚滚向前，作为表情达意的诗歌也发生了微妙的改变。到了魏晋时期，文坛出现了以曹操父子为代表的建安文学。他们以旧题来写时事，抒发情感。这类诗歌，也从另一面丰富了乐府诗的题材。

惟汉廿二世，所任诚不良。

沐猴而冠带，知小而谋强。

犹豫不敢断，因狩执君王。

白虹为贯日，己亦先受殃。

贼臣持国柄，杀主灭宇京。

荡覆帝基业，宗庙以燔丧。

播越西迁移，号泣而且行。

瞻彼洛城郭，微子为哀伤。

——曹操《薤露》

第五卷　世人谓我恋长安

《薤露》本是古人在丧葬时唱的挽歌，有悲悼王公贵人之意。但曹操借这个古调来写时事，以此哀叹国家丧乱、百姓流离失所。

等历史车轮驶入六朝时期，诗歌风格发生了转变。这一时期的诗歌，更多地成了诗人单纯的吟风弄月之作。这种淫靡的文风一直延续到初唐，直至陈子昂提出诗歌革新的理论主张。陈子昂反对这种艳丽纤弱的形式主义文风，提倡诗歌应有朴素而真实的生命。在陈子昂风骨说和兴寄说的影响下，唐诗才朝着更加注重内容与思想表达的健康方向继续发展。

> 唐初王、杨、沈、宋擅名；然不脱齐梁之体。独陈拾遗首倡高雅冲淡之音，一扫六代之纤弱，趋于黄初、建安矣。
>
> ——刘克庄《后村诗话》节选

随着陈子昂为唐代诗歌高潮的来临吹响号角，在他之后的诗人有的因袭古题，有的自创新题。在用新题且关切时事上，诗圣杜甫做了完美的表率。

> 暮投石壕村，有吏夜捉人。
> 老翁逾墙走，老妇出门看。
> 吏呼一何怒！妇啼一何苦！
> 听妇前致词：三男邺城戍。
> 一男附书至，二男新战死。
> 存者且偷生，死者长已矣！

室中更无人，惟有乳下孙。

有孙母未去，出入无完裙。

老妪力虽衰，请从吏夜归。

急应河阳役，犹得备晨炊。

夜久语声绝，如闻泣幽咽。

天明登前途，独与老翁别。

——杜甫《石壕吏》

兔丝附蓬麻，引蔓故不长。

嫁女与征夫，不如弃路旁。

结发为君妻，席不暖君床。

暮婚晨告别，无乃太匆忙。

君行虽不远，守边赴河阳。

妾身未分明，何以拜姑嫜？

父母养我时，日夜令我藏。

生女有所归，鸡狗亦得将。

君今往死地，沉痛迫中肠。

誓欲随君去，形势反苍黄。

勿为新婚念，努力事戎行。

妇人在军中，兵气恐不扬。

自嗟贫家女，久致罗襦裳。

罗襦不复施，对君洗红妆。

第五卷　世人谓我恋长安

仰视百鸟飞，大小必双翔。

人事多错迕，与君永相望。

——杜甫《新婚别》

杜甫著名的"三吏""三别"都是以时事入诗，深刻地记录了安史之乱前后民生的疾苦。随着安史之乱的爆发，盛唐的国运也跌入谷底。在政治日益腐朽的前景下，科举考试也慢慢被权臣把持。

如此，文人实现自己的政治理想之路逐渐被堵塞。在沦为社会底层抑或成为一介布衣时，这些诗人反而更加接近百姓的现实生活，体会到了社会的不公和百姓的疾苦。于是，这些诗人便把自己的切身体会写进诗歌之中，以此直陈时弊。

到了贞元、元和年间，因为皇帝励精图治，唐朝又出现了短暂的中兴局面。这种情况下，诗歌便也随之发展到了另一个高峰。

在这段文学史里，从奇崛险怪的韩孟诗派到韩愈、柳宗元领导下的古文运动，穿插在其间的便是白居易领导的新乐府运动。中唐诗人李绅首先创作了新体乐府诗二十首。写好后，李绅将诗寄给了好友元稹共赏。

其　一

春种一粒粟，秋收万颗子。

四海无闲田，农夫犹饿死。

其 二

锄禾日当午,汗滴禾下土。

谁知盘中餐,粒粒皆辛苦。

——李绅《悯农二首》

元稹收到李绅的诗后,大为赞赏。随即,元稹也写了十二首诗作为酬和。同为好友的三人在相互的切磋交流中,白居易正式标举出"新乐府"这一独特的诗歌名号。

大凡人之感于事,则必动于情,然后兴于嗟叹,发于吟咏,而形于歌诗矣。

——白居易《采诗以补察时政》(节选)

新乐府运动在唐代文学中有着举足轻重的地位,它反对六朝以来浮华雕饰的文风,传承了诗歌兴寄、风骨的主张。它注意风雅比兴,提倡诗要有内容,要注重抒发诗人所思所感。在内容与形式的关系上,强调诗歌的内容和形式互补融合。在此基础上,注重语言、韵律的使用,使其恰到好处。

这就是白居易所倡导的新乐府诗歌。感于事、动于情,批判黑暗现实,抒发民生疾苦,是其最为显著的特征。它也始终保有民歌通俗平实的质朴之风,力图让所有人都能读懂。

"文章合为时而著,歌诗合为事而作。"在被贬为江州司马期间,尽管仕途不顺、生活落魄,出于对民生疾苦的关心,对黎民百姓的怜悯,白居易从未停下创作的脚步……

古剑寒黯黯，铸来几千秋。

白光纳日月，紫气排斗牛。

有客借一观，爱之不敢求。

湛然玉匣中，秋水澄不流。

至宝有本性，精刚无与俦。

可使寸寸折，不能绕指柔。

愿快直士心，将断佞臣头。

不愿报小怨，夜半刺私仇。

劝君慎所用，无作神兵羞。

——白居易《李都尉古剑》

第六节　司马青衫湿

元和十年（815年）八月，白居易奉旨到达江州。可想而知，对于一个满心壮志却被迫离开自己梦想之地的白居易来说，有多么悲痛。

君子防悔尤，贤人戒行藏。

嫌疑远瓜李，言动慎毫芒。

立教固如此，抚事有非常。

为君持所感，仰面问苍苍。

犬啮桃树根，李树反见伤。
老龟烹不烂，延祸及枯桑。
城门自焚燕，池鱼罹其殃。
阳货肆凶暴，仲尼畏于匡。
鲁酒薄如水，邯郸开战场。
伯禽鞭见血，过失由成王。
都尉身降虏，宫刑加子长。
吕安兄不道，都市杀嵇康。
斯人死已久，其事甚昭彰。
是非不由己，祸患安可防。
使我千载后，涕泗满衣裳。

——白居易《杂感》

古人说"三十而立，四十而不惑，五十而知天命"，四十四岁该是一个男人建功立业的黄金期。可白居易在这个年纪跌入了人生谷底，仕途充满了坎坷与波折。彼时，他担任的江州司马为五品官职，月俸六七万钱。这样的官阶本足以支撑他的家庭衣食无忧，可江州司马终究只是个"无言责、无事忧"的闲职。

自从委顺任浮沈，渐觉年多功用深。
面上减除忧喜色，胸中消尽是非心。
妻儿不问唯耽酒，冠带皆慵只抱琴。

第五卷 世人谓我恋长安

长笑灵均不知命,江蓠丛畔苦悲吟。

——白居易《咏怀》

这一年,白居易的政治生涯跌入谷底,可白居易的诗歌才华却发挥到了极致。这江州司马的任期也成了白居易人生创作的分水岭。

纵观中国古代文学史,贬谪似乎是绝大多数诗人无法逃避的命运。在被贬之前,诗人们怀着对仕途政治的无限憧憬和向往而歌颂朝廷。在被贬之后,诗人们逐渐从世态炎凉中清醒,其作品内容也随之蜕变,或表现出悲天悯人的情怀,或表现出霁月清风的心境,抑或真正升华到为世为民的崇高主题思想。

凝望着一脸风霜的白居易,我不禁想到了两百年后的苏东坡,他的运途竟和白居易颇为相似。

在经历了险些丢掉性命的乌台诗案[①]后,苏轼走上了被贬黄州之路。荒芜的小镇,恶劣的自然环境,到达黄州后的苏轼在寂寞中回归自己的内心深处。他在躬耕的生活里,寻觅到生命的意义;他在儒释道三家思想的精髓里,沉淀和净化自己的内心世界,形成独特的人生哲学和文学风格,为中国古代文学的发展添加了浓墨重彩的一笔。

[①] 乌台诗案:公元1079年,御史何正臣等上表弹劾苏轼。该案件先由监察御史告发,因出现插曲,后在御史台狱受审。因有数千乌鸦栖居御史台的柏树,故称御史台为"乌台"。

三月七日，沙湖道中遇雨。雨具先去，同行皆狼狈，余独不觉，已而遂晴，故作此词。

莫听穿林打叶声，何妨吟啸且徐行。
竹杖芒鞋轻胜马，谁怕？
一蓑烟雨任平生。
料峭春风吹酒醒，微冷，
山头斜照却相迎。
回首向来萧瑟处，归去，
也无风雨也无晴。

——苏轼《定风波·莫听穿林打叶声》

苏轼晚年遇赦北返的途中，看到十年前李公麟为自己画的画像时，不禁感慨道："心似已灰之木，身如不系之舟。问汝平生功业，黄州惠州儋州。"在黄州的岁月里，苏轼徐行吟啸，成就了自己的一生功绩。这也让如今的我们有幸在中国文学史上读到那个潇洒豁达、"一蓑烟雨任平生"的苏东坡。

时光回到元和年间，在江州的四年时间里，作为一名传统意义上的儒生却不能济世安民，白居易的内心自然有过苦闷忧愁。可正是这番仕途跌宕起伏，才让白居易更切身地感受到社会现实与生命的福祸相依，激起了他诗歌创作的无穷潜力。

元和十一年（816年），白居易在偏僻的江州已待了一年有余。这一年的一个秋夜,秋风萧瑟,芦花随着江波涌动而悠悠摇曳。

古人云"自古逢秋悲寂寥",送别好友来到江边,白居易的心头不觉涌起了万般萧瑟之感。更何况身处这么荒凉的江州,白居易又能遇到几个意气相投的朋友呢?也许是年岁渐长,对于这种离别之情越来越难以释怀。此时,站在湓浦口的白居易满心不舍。

清冷的月光洒在茫茫的江面上,寥寥无几的船只里灯火若隐若现。在这幽寂的江边,连宴饮送别都找不到一个以乐来伴的人,这是何等的凄凉落寞!

白居易和朋友举起了酒杯,可话到嘴边,两人却什么也没有说。船即将启航,送行的白居易也该离开了。即将挥手的那一刻,忽然从那寒冷的江面上传过来一阵幽怨又熟悉的琵琶声。

白居易听闻心中一惊,这不是京都长安的琵琶弹法吗?京都长安?一幕幕往事又在他的眼前浮现。一切仿佛还是昨天发生的,因为记忆是那么清晰;一切却又恍如隔世,因为它已成了昨日的一场梦。

是啊,这世事不就是这样无常的吗?循着声音仔细一听,白居易断定,这就是从江上那只灯影浮动的船上传过来的。他急忙让随从去问问刚刚是哪位女子弹的琵琶。

侍从礼貌地一问,刚刚那幽怨的琵琶声却突然停了。他们都安静等待着,可过了好一会儿,还是一点儿动静也没有。白居易心里泛起一阵疑惑,难道有什么难言之隐?

为了解开心中的谜团,白居易命令船夫调转船头,朝前面的那只船靠了过去。两只船慢慢挨在了一起,白居易拱手问道:"敢问刚刚那首琵琶曲是何人所弹,在下可否有幸见上一面?"

还是没有任何回答,此刻的江面如此安静,安静得只能听到风从耳畔吹过的声响。白居易沉吟片刻,立即让侍从掌灯,重新添酒。不一会儿,一桌新的酒宴便摆好了。

黯淡的江面上重新亮起了灯光,在侍从们一而再,再而三的呼唤下,一位女子怀抱琵琶从对面的客船上缓缓而下。白居易定睛一看,眼前这位女子身着淡绿衣裙,裙摆曳地,鬓发低垂,只是那好似芙蓉的面容中隐约带着一丝忧伤。女子莲步轻轻移至船上,目光停在白居易的身上,问道:"敢问方才是大人唤的侍妾?"

听着这无比熟悉的长安口音,白居易感慨万千:"方才听姑娘的琴声和讲话的口音,如果没猜错的话,姑娘该是从长安来的吧!若姑娘不嫌弃,不知可否一起入席,再为我等弹上一曲?"女子抬眼看了看白居易,点头应允。

她缓缓落座,双手开始慢慢调试起琴弦。虽说只是随手一拨弄,曲调也还未形成,却有一阵幽怨的情绪在四周弥漫开来。那弦弦凄楚,好像隐匿着她无穷的沉思;那声声悲切,似乎诉说着她无尽的失意。

她就那样低头不停地弹着,信手之间,那无穷无尽的哀思便通过指尖宣泄而出。她的指尖在琵琶弦间轻拢慢捻,每一个音符完全在她的掌控之下。那声调由快到慢,由强到弱,慢慢地,慢慢地就什么都听不到了……

沉浸在音乐里的众人也随之回过神来,这不是唐玄宗皇帝谱写的《霓裳羽衣曲》吗?那一刻,白居易凝神片刻,他似乎想起了他笔下的唐玄宗和杨贵妃:"渔阳鼙鼓动地来,惊破霓裳羽衣曲。"

一曲终了,只听女子一声叹息,她的眼睛望向了白居易。四目相视里,两人都读到了同样的哀伤。女子低下头,双手又在琴弦上轻轻地抹下去、慢慢地挑开来,《六幺》的旋律便又在席间响了起来。

那幽远浑厚的大弦之声强烈得如同暴风骤雨一般,那幽幽细细的小弦之音又好像在窃窃私语。那相互穿插和交错的嘈嘈切切声,就像一串串大珠小珠落入玉盘碰击而出的声音。

这样的琵琶声听起来,一会儿好似花下伶俐婉转的鸟鸣声,一会儿又像是冰下流动的水受阻发出的低沉冷涩、呜呜咽咽的声音。紧接着,泉水慢慢凝结,琵琶的声音也随之渐渐消逝。此刻,一种新的幽愁离恨也暗暗滋生,虽然这时没有琵琶的声响,但这份沉寂却要比刚才的音乐还具感染力,让人沉醉于其中。

白居易完全沉浸在这无声胜有声的意境之中……突然间，一声巨响，好像一只银瓶炸裂后里面水浆四溅。惊醒的白居易再一听这声音，像极了战场上千军万马的厮杀一般。

终于，这一曲在众人的久久回味中画上了句号。女子用手对准琴弦的中心一划拨，那轰鸣的四弦声像极了撕裂布帛发出的声响。周围的一切太安静了，安静得只剩下琵琶的余音在四周慢慢萦绕、缓缓回旋。

白居易抬眼望向江面，只见江上的船只不知何时也都停了下来。东船西舫里的所有人也都静静聆听着这美妙的琵琶曲。江面上只剩下晚风独自吹动着月影。

过了许久，白居易才缓缓回过神来，他望着眼前这位女子不禁问道："姑娘，从你刚才弹的曲子里，我知道你一定是一个有故事的人，能说说你的身世吗？"

是啊，每个人都有独属于自己的故事。在人生这本厚厚的书里，每个人不都是自己这一出戏里的主角吗？

女子抬起头看了一眼白居易，她将收起的拨片插在琴弦之中，起身整了整衣裳，青春往事一下浮现在了她的眼前。

"那年我十三岁——"她缓缓地叹了口气。

"我的老家在长安城东南的虾蟆陵。也许是因为从小天赋异禀，十三岁的时候，我便把所有的琵琶弹奏技艺都学会了。我

第五卷 世人谓我恋长安

的名字，也列在了长安城最大的教坊音乐团第一列。"她浅浅地笑着。

"每次我弹完曲后，那些音乐大师都啧啧赞叹；每次我定完妆后，姐妹也都投来羡慕的眼光。那些京城的豪门子弟就更不用说了，他们拿着不计其数的锦衣华服、珠钗翠环大献殷勤。那个时候，哪怕是钿头银篦常常打碎节拍，酒水经常弄脏衣裙，我也从未后悔过。一年年、一日日就在这样的欢乐中一笑而过，青春的美好时光也在一个个春去秋来的日子里不见了踪影。"她的语气里慢慢有了些许的哀伤。

"随着芳华一同消逝的还有我的家人。与我相依为命的弟弟被征去当了兵，而照顾我们的姐姐不幸患病离开了人世。"她苦笑着继续诉说，"一个人的我开始害怕了，曾经为我豪掷千金的少年们一个个都不见了踪影。无奈之下，我也就只能嫁给商人为妻了。世人皆知，在商人的眼中，最重要的永远是钱。上个月，他到浮梁去做茶叶生意了，留我一人独自守着江口这只孤船，守着这凄寒的秋水。"说着说着，两行泪水从她的眼角缓缓滑落，"现在，每至夜晚，梦中总是会浮现年少时寻欢作乐的往事，可我每每都会从梦里哭着醒过来"。

听着她无奈的感叹，看着她悲伤的脸庞，白居易早已泪流满面："同是天涯沦落人，相逢何必曾相识？"是啊，白居易回顾自己这短暂的半生岁月，曾经的他不也是那么意气风发吗？

遥想十六岁那年,一首《赋得古原草送别》让他誉满京城。二十九岁那年,他又进士及第,无比自豪地写下"慈恩塔下题名处,十七人中最少年"。如今,在这人生不惑的年纪里他却体悟到了人生最大的困惑:我的余生都要在此寂寥之地度过吗?

白居易拿起袖里的手帕想将眼角的泪擦干,可一伸手才发现,自己的衣服早已被泪水浸透。他转向琵琶女感慨万千地说道:"姑娘,烦请你把刚刚的曲子再弹一遍吧,我来为你写一首诗。"

女子擦干泪水整了整衣裳,再一次拂起了琵琶。那幽怨奔泻的琵琶声穿过孤寂的江面,穿透每个人的心底。

浔阳江头夜送客,枫叶荻花秋瑟瑟。
主人下马客在船,举酒欲饮无管弦。
醉不成欢惨将别,别时茫茫江浸月。
忽闻水上琵琶声,主人忘归客不发。
寻声暗问弹者谁,琵琶声停欲语迟。
移船相近邀相见,添酒回灯重开宴。
千呼万唤始出来,犹抱琵琶半遮面。
转轴拨弦三两声,未成曲调先有情。
弦弦掩抑声声思,似诉平生不得志。
低眉信手续续弹,说尽心中无限事。
轻拢慢捻抹复挑,初为《霓裳》后《六幺》。
大弦嘈嘈如急雨,小弦切切如私语。

第五卷　世人谓我恋长安

嘈嘈切切错杂弹，大珠小珠落玉盘。
间关莺语花底滑，幽咽泉流冰下难。
冰泉冷涩弦凝绝，凝绝不通声暂歇。
别有幽愁暗恨生，此时无声胜有声。
银瓶乍破水浆迸，铁骑突出刀枪鸣。
曲终收拨当心画，四弦一声如裂帛。
东船西舫悄无言，唯见江心秋月白。
沉吟放拨插弦中，整顿衣裳起敛容。
自言本是京城女，家在虾蟆陵下住。
十三学得琵琶成，名属教坊第一部。
曲罢曾教善才服，妆成每被秋娘妒。
五陵年少争缠头，一曲红绡不知数。
钿头银篦击节碎，血色罗裙翻酒污。
今年欢笑复明年，秋月春风等闲度。
弟走从军阿姨死，暮去朝来颜色故。
门前冷落鞍马稀，老大嫁作商人妇。
商人重利轻别离，前月浮梁买茶去。
去来江口守空船，绕船月明江水寒。
夜深忽梦少年事，梦啼妆泪红阑干。
我闻琵琶已叹息，又闻此语重唧唧。
同是天涯沦落人，相逢何必曾相识！

> 我从去年辞帝京,谪居卧病浔阳城。
> 浔阳地僻无音乐,终岁不闻丝竹声。
> 住近湓江地低湿,黄芦苦竹绕宅生。
> 其间旦暮闻何物?杜鹃啼血猿哀鸣。
> 春江花朝秋月夜,往往取酒还独倾。
> 岂无山歌与村笛?呕哑嘲哳难为听。
> 今夜闻君琵琶语,如听仙乐耳暂明。
> 莫辞更坐弹一曲,为君翻作《琵琶行》。
> 感我此言良久立,却坐促弦弦转急。
> 凄凄不似向前声,满座重闻皆掩泣。
> 座中泣下谁最多?江州司马青衫湿。
>
> ——白居易《琵琶行》

一曲肝肠断,天涯何处觅知音。

作为一首长篇叙事诗,这首《琵琶行》结构严谨规整、情节跌宕起伏。从"浔阳江头夜送客"至"犹抱琵琶半遮面",诗人叙写了送别宴没有音乐的无奈。于是,诗人盛情邀请商人妇弹奏琵琶。此后,诗人细致描绘了琵琶的声调,有力塑造了琵琶女的凄婉形象。

首句"浔阳江头夜送客",仅仅用七个字,就把人物、地点、时间、事件交代得清清楚楚。一句"枫叶荻花秋瑟瑟"将环境进行烘染,让秋夜送客的萧瑟更显落寞。正因这萧瑟落寞,反衬出"举酒欲饮无管弦"的寂寥之感。

因"无管弦"而"醉不成欢惨将别",再用"别时茫茫江浸月"作环境衬托,使得"忽闻水上琵琶声"具有强烈的空谷传音之感,为下文琵琶女的惊艳出场作了铺垫。

从"夜送客"之时的"秋萧瑟""无管弦""惨将别"一转而为"忽闻""寻声""暗问""移船",直到"邀相见",这对于琵琶女的出场来说,已堪称"千呼万唤"。

但"邀相见"还不那么容易,要经历一个"千呼万唤"的过程,琵琶女才肯"出来"。这并不是她在意身份,而是她藏着一肚子的"天涯沦落之恨",难以言说,更不愿意轻易见人。

诗人正是抓住这一点,用"琵琶声停欲语迟""犹抱琵琶半遮面"的描写来展现琵琶女的难言之痛。这段琵琶女出场过程的描写扣人心弦。未见其人却先闻其琵琶声,未闻其语先微露其内心之隐痛,这种叙事为后续故事发展埋下了诸多悬念。

从"转轴拨弦三两声"至"唯见江心秋月白",诗人写出了琵琶女及其演奏的琵琶曲,形象而细腻地揭示出了琵琶女的内心世界。

诗人先用"转轴拨弦三两声"一句写琵琶女校弦试音,接着就赞叹"未成曲调先有情",一个"情"字尤为突出。"弦弦掩抑声声思"以下六句,总写"初为《霓裳》后《六幺》"的弹奏过程。诗人用"低眉信手续续弹""轻拢慢捻抹复挑"描写出了琵琶女弹奏的神态，更用"似诉平生不得志""说尽心中无限事"总结了琵琶女借乐曲所抒发的细腻情感。

此后十四句，诗人在借助语言的音韵摹写音乐时，兼用了各种生动的比喻加强了其形象性。

"大弦嘈嘈如急雨，小弦切切如私语"，诗人用"嘈嘈""切切"这样的叠字词摹声使其形象化。这还不够，"嘈嘈切切错杂弹"，已经再现了"如急雨""如私语"两种旋律的交错，再用"大珠小珠落玉盘"这一精妙绝伦的比喻，使视觉形象与听觉形象同时显露出来，令人眼花缭乱，耳不暇接。

旋律继续变化，出现了先"滑"后"涩"的两种意境。"间关"之声，轻快流利，而这种声音又好像"莺语花底"，视觉形象的优美强化了听觉形象的美感。"幽咽"之声，悲抑哽塞，而这种声音又好像"泉流冰下"，视觉形象的冷涩强化了听觉形象的冷感。

由"冷涩"到"凝绝"，是一个"声渐歇"的过程。诗人用"别有幽愁暗恨生，此时无声胜有声"的佳句描绘了余音袅袅、余意无穷的艺术境界，令人拍案叫绝。弹奏至此，听者满心以为这场音乐盛宴已经结束了。

谁知那"幽愁暗恨"在"声渐歇"的过程中积聚了无穷的力量，无法压抑，终于如"银瓶乍破"，水浆奔迸，如"铁骑突出"，刀枪轰鸣，把"凝绝"的暗流突然推向高潮。就在高潮迭起之时，弹奏者却突然收拨一抹，乐声戛然而止。

一曲虽终，回肠荡气、惊心动魄的音乐魅力并没有消失。诗人又用"东船西舫悄无言，唯见江心秋月白"的环境描写，给读者留下了韵味无穷的想象空间。

从"沉吟放拨插弦中"至"梦啼妆泪红阑干"，诗人写琵琶女自述身世，由少女到商人妇的经历，亦如琵琶声的激扬幽抑。正像在"邀相见"之后，诗人省掉了请弹琵琶的细节一样，在曲终之后也略去了关于身世的询问，仅用两个描写肖像的句子向"自言"过渡。

"沉吟"的神态显然与询问有关，这反映了她欲说还休的内心矛盾；"放拨""插弦中""整顿衣裳""起""敛容"等一系列动作和表情则表现了她克服内心矛盾、决定坦露心声的心理。

"自言"以下，诗人用如怨如慕、如泣如诉的抒情笔调为琵琶女的半生遭遇谱写了一曲扣人心弦的悲歌，与"说尽心中无限事"的乐曲互相补充，完成女主人公的形象塑造。这一形象塑造得异常生动真实，并具有高度的典型性。通过这个形象，诗人深刻地揭示了封建社会中被迫害的歌妓们、艺人们的悲惨命运。

从"我闻琵琶已叹息"到最后的"江州司马青衫湿"，诗人写自己深沉的感慨，抒发其与琵琶女的同病相怜之情。作者在被琵琶女的命运激起的情感波涛中袒露了自我形象。"我从去年辞帝京，谪居卧病浔阳城"的那个"我"，正是诗人自己。

诗人由于要求革除暴政、实行仁政而遭受打击，从长安贬到九江，心情很痛苦。当琵琶女第一次弹出哀怨的乐曲、表达心事的时候，就已经拨动了他的心弦，使其发出深长的叹息声。

当琵琶女自诉身世、讲到"夜深忽梦少年事，梦啼妆泪红阑干"的时候，就更激起他"同是天涯沦落人，相逢何必曾相识"情感共鸣。同病相怜，同声相应，诗人忍不住说出了自己的遭遇。

诗人写琵琶女自诉身世，详昔而略今；写自己的遭遇，详今而略昔。这意味着诗人以彼之详补此之略。琵琶女昔日在京城里"曲罢曾教善才服，妆成每被秋娘妒"的情况，和诗人被贬以前的情形当有某些相通之处。同样，诗人被贬以后的处境和琵琶女"老大嫁作商人妇"以后的处境也有某些类似之处，不然不会发出"同是天涯沦落人"的感慨。

诗人的诉说反过来又拨动了琵琶女的心弦，当她又一次弹琵琶的时候，那声音就更加凄苦感人，因而反转来又撞击了诗人的心灵，以致热泪直流，浸湿青衫。

所谓"借他人酒杯，浇自己块垒"，人生孤旅，谁会懂你。其中滋味如鱼饮水，冷暖自知。遇到同病相怜之人，彼此惺惺相惜。

随着琵琶的铮铮乐音消散在这孤寂的秋夜，那个青衫已被

第五卷 世人谓我恋长安

泪水打湿的江州司马形象终究成为一种文化符号，象征着人生的无奈与悲哀。时运不济、命途多舛的人生，又能有几人豪言"直挂云帆济沧海"？

遥想那一日，嵇康赴刑，阮籍驾车走到路尽头不禁号啕大哭。都说男儿有泪不轻弹，可是到了伤心处，掬一把泪又何妨？短促的生命，无常的祸福，男人的痛哭何尝不是对这如梦似幻人生的一种释怀？

那一夜之后，泪洒江畔的白居易已不再向往仕途上的步步高升，九江的山水成了他内心暂时的寄托。他去到庐山，观看那青天削出的金芙蓉。他在日照香炉生的紫烟里，遥看挂于前川的瀑布，欣赏李白笔下"飞流直下三千尺"的壮观景象。他写"弄石临溪坐，寻花绕寺行。时时闻鸟语，处处是泉声"。他在自己最爱的遗爱寺旁，修筑了一间"庐山草堂"。

> 匡庐奇秀，甲天下山。山北峰曰香炉，峰北寺曰遗爱寺，介峰寺间，其境胜绝，又甲庐山。元和十一年秋，太原人白乐天见而爱之，若远行客过故乡，恋恋不能去。因面峰腋寺，作为草堂。
>
> 明年春，草堂成。三间两柱，二室四牖，广袤丰杀，一称心力。洞北户，来阴风，防徂暑也；敞南甍，纳阳日，虞祁寒也。木斫而已，不加丹；墙圬而已，不加白。
>
> 砌阶用石，幂窗用纸，竹帘纻帏，率称是焉。堂中设

木榻四,素屏二,漆琴一张,儒、道、佛书各两三卷。

——白居易《庐山草堂记》(节选)

在白居易行云流水的文字里,我们仿佛看到了那个历尽沧桑,终在大自然里找到寄托的诗人。"三间两柱,二室四牖",陈设如此古雅朴素;"设木榻四,素屏二,漆琴一张,儒、道、佛书各两三卷",白居易终在儒释道三家思想的交融碰撞中找寻到了自己的精神归宿。

在九江,白居易也经常去大林峰上的大林寺。这座路途遥远且位置偏僻的大林寺平常人迹罕至,寺的周遭都是苍石清流,短松瘦竹。而在大林寺的西侧,还有两株由四世纪僧昙诜亲手植的娑罗宝树。那高耸入云的枝干无愧于松柏,那郁郁葱葱的枝叶也不愧于桃李。

四月的一个清晨,白居易与十几位好友同登香炉峰,同宿大林寺中。此刻的山下,桃花已凋落,繁花也早已不见踪影。而寺庙旁,朵朵桃花竞相开放,那莹洁无瑕的楚楚玉蕊不正是无边的春色吗?

人间四月芳菲尽,山寺桃花始盛开。

长恨春归无觅处,不知转入此中来。

——白居易《大林寺桃花》

原来诗人怅恨无处寻觅的春光竟偷偷跑来了这里。也许,这天地间的妙道存在于每个人心上,只是整日忙忙碌碌的我们

第五卷　世人谓我恋长安

又何曾有片刻闲暇去发现？也许越是心有执念，就越会南辕北辙。如此，人又何必舍本逐末呢？

这一刻，白居易释然了。来到九江的这两年，积压在他心头的失落也随之烟消云散，空气里只剩下桃花的淡淡清香。山色水光，自然给予白居易心灵的寄托。那宁静致远的佛法禅机让白居易的随心随性得以自在流淌。

九江到底成就了一个怎样的白居易？每个翻阅历史书卷的人都能找到属于自己的答案。因为，每个独特的人都会从别人的故事里找到独属于自己的那部分人生感悟。

不过，对于每一个爱好中国古典文学的人来说，我们是何等的幸运。因为正是遭受了政治的波折和生活的磨难，白居易的诗歌创作才变得更加蕴藉无穷。在俊采星驰的大唐才子里，在灿若繁星的诗歌长河里，我们看到了一个熠熠生辉的白居易。

元和十三年（818年）的冬天没有往年的寒冷，冬阳洒在人身上，竟有种初春般的温暖。这一日，朝廷的一纸诏书送到了白居易手上。一字一字读完后，白居易朝浔阳江头的方向望了过去。

他长长地舒了一口气，那缓缓扬起的嘴角多了一丝淡然从容。这个曾经让他在琵琶声中泪湿青衫的江州，这个曾经让他于山水间了悟生命真谛的九江，他即将告别这里的一切。他的人生轨迹也将从此改变……

造物无言却有情，每于寒尽觉春生。

千红万紫安排著，只待新雷第一声。

——张维屏《新雷》

第七节　桃李种新成

　　元和十四年（819年）的春日处处洋溢着朝气蓬勃的气息。多情的阳光照进了白居易的心里，他那颗冰封已久的心也得到了抚慰。

　　古语云："山重水复疑无路，柳暗花明又一村。"机遇有时就是在不经意间悄然而至。这年春日，身居江州的白居易接到朝廷调令，即将赶赴忠州上任。

　　临行前，白居易来到洪州刺史裴堪的家里。在江州的这几年，白居易很感谢裴堪对他的照顾。

　　好友相见，自是"烹羊宰牛且为乐，会须一饮三百杯"，觥筹交错间，杯盏交换。江州的三年，一草一木、一人一物，过往的一切都涌上了白居易的心头。现在，喝完这杯酒后，他又要去到一片新的天地书写新的人生篇章。

　　离别的时刻终究还是来了，此刻，就连散在江面上的余晖也变得伤感了许多。缓缓划动的船桨带着白居易对友人的不舍，

第五卷 世人谓我恋长安

向忠州溯流而去。

当这只行进的小舟在江上行驶十一日到达峡口时,白居易竟意外遇到了他多年的好友——元稹。

"他乡遇故知"是古人常提及的人生四大乐事之一。元白二人品茗饮酒、弹琴写诗,三日的畅游时光倏忽而过,他们互道珍重,依依惜别。

从长江溯流而上,经过十五日的跋山涉水,白居易的双脚终于踏上了忠州这块土地。按照唐朝的官吏制度,白居易作为刺史,本可以乘用五马朱轮的专车。可上岸之后,白居易才发现,眼前的这座城尽是崎岖陡峭的石磴路。放眼望去,忠州全城居然连一条能跑马车的平路都没有。

好在天涯李使君,江头相见日黄昏。

吏人生梗都如鹿,市井疏芜只抵村。

一只兰船当驿路,百层石磴上州门。

更无平地堪行处,虚受朱轮五马恩。

——白居易《初到忠州赠李六》

从白居易的这首自嘲诗里,我们多少能感受到他的无奈。可困苦的生活反倒激起了他内心深处兼济天下的渴望。白居易即刻上书朝廷,为民请命。

臣某言:臣以去年十二月二十日伏奉敕旨,授臣忠州刺史,以今月二十八日到本州,当日上任讫。殊恩特奖,非次迁荣，感戴惊惶，陨越无地。

　　臣某诚喜诚惧，顿首顿首。臣性本疏愚，识惟褊狭，早蒙采录，擢在翰林，仅历五年，每知尘忝，竟无一事，上答圣明。及移秩宫寮，卑冗疏贱，不能周慎，自取悔尤。

　　犹蒙圣慈，曲赐容贷，尚加禄食，出佐浔阳。一志忧惶，四年循省，昼夜寝食，未尝苟安。负霜枯葵，虽思向日，委风黄叶，敢望沾春？岂意天慈，忽加诏命，特从佐郡，宠授专城。喜极魂惊，感深泣下。

　　　　　　　　——白居易《忠州刺史谢上表》（节选）

　　即便在这之前，白居易已遭受过数次贬谪；即便他在各种政治力量的较量中，已然看到了一幕幕触目惊心的黑暗；即便曾经藏于他体内的锐利也已削去了锋芒，他学会了明哲保身。

　　现在当我们每每说起"明哲保身"一词，潜意识里似乎都是将其与"老好人"划上等号，赋予其一种贬义色彩。可翻阅古籍后我们会发现，"明哲保身"一词最早出自《诗经·大雅》："既明且哲，以保其身，夙夜匪懈，以事一人。"其本意强调的就是明智的人善于保全自己。

　　我想，此时此刻的白居易，便是处于这样的境地吧！在经历挫折后，他明白要实现自己的家国理想，首先要学会的便是保护好自己。"穷则独善其身，达则兼济天下"，这一儒家传统的家国理想，他从未忘记。来忠州的第二天，白居易便走到了百姓的生活中。他去了解百姓的衣食住行，探访民生疾苦。

从建中元年（780年）开始，唐朝就将之前的"租庸调制"改为"两税法"。这种"唯以资产为宗，不以丁身为本"的税收制度取消了各种杂税，在一定程度上减轻了百姓的负担。可在"两税法"之下，土地买卖合法化，富人进行土地兼并的现象也越来越严重，致使失去土地的百姓只能沦为地主家的佃户，将自己的身家性命完全依附于地主阶层。

看着忠州的百姓自己做不得半点主，生活在水深火热之中，白居易上书直言："宿弊必除，旧章咸举。"

为了更快且更切实地解决百姓生活的困苦，白居易开始在忠州当地实施改革举措。他不仅鼓励百姓进行多种农业生产方式的合作，他还去书院授课，与当地文人探索民间诗歌。此外，白居易给老人家送去棉鞋，给孤儿传授生活技艺……

"省事宽刑""与民同苦乐"等行为可知白居易将忠州百姓装进了心里，而他也自然走进了百姓的心中。经过两年的不懈努力，忠州百姓获得了大丰收。在新年的欢庆宴上，白居易邀请州民府吏共同品尝这来之不易的幸福滋味，一同感受吃饱饭的满足与喜悦。

"誓当负刺慎身，履冰励节，下安凋瘵，上副忧勤"，天道酬勤，白居易实现了他作为一介儒生的抱负。他植桑化民、亲力亲为，他深爱着忠州这一方百姓、护佑着忠州这一地人民。

每每在忙完纷繁的公事之余,白居易总会来到城东的一座小山坡上。站在这片小小的坡地上,白居易的心总会变得非常踏实。是啊,在那个互相倾轧的官场上,这里的田园总是如此安定祥和。这是独属于白居易的一方天地、一个世界。白居易小心翼翼地在这片坡土上松土、施肥,细心呵护起了这里的花草树木。

持钱买花树,城东坡上栽。
但购有花者,不限桃杏梅。
百果参杂种,千枝次第开。
天时有早晚,地力无高低。
红者霞艳艳,白者雪皑皑。
游蜂逐不去,好鸟亦来栖。
前有长流水,下有小平台。
时拂台上石,一举风前杯。
花枝荫我头,花蕊落我怀。
独酌复独咏,不觉月平西。
巴俗不爱花,竟春无人来。
唯此醉太守,尽日不能回。

——白居易《东坡种花·其一》

而今,我们每每提到"东坡"一词,也许映入我们脑海的并不是白居易,而是一代大家苏轼。这两个相隔了二百多年的文坛大家，他俩的一生确实有着太多的相似之处。

元丰二年（1079年），在经历了乌台诗案的死亡威胁后，苏轼来到了被贬之地黄州。作为朝廷的一名罪官，此时的苏轼没有签署公文的权力了。当然，他的薪俸也少得可怜。

> 初到黄，廪入既绝，人口不少，私甚忧之。但痛自节省，日用不得过百五十。每月朔，便取四千五百钱，断为三十块，挂屋梁上。平旦，用画叉挑取一块，即藏去叉。
>
> ——苏轼《答秦太虚书》（节选）

从这封苏轼写给秦观的信里，我们知道初到黄州的苏轼生活拮据，拮据到需要仔细盘算着兜里的钱才能维持生计。幸运的是，苏轼的文章和美名早已远播天下。时任黄州太守便是苏轼的铁杆粉丝，于是，太守将城东山坡上的五十亩荒地划拨给了苏轼。

尽管这片地的墒情不好，但至少能解决苏轼的温饱问题。苏轼便打算在这块地上种麦子。手握锄头的苏轼不禁想起了自己的偶像白居易，他也给这块地取名"东坡"，并自号"东坡居士"。

此后，在黄州"清风徐来，水波不兴"的江面上，在黄州"山高月小，水落石出"的赤壁山下，东坡居士感慨着生命的意义。在不同的时空之下，在相同的人生际遇里，历史的机缘让两位诗人结缘于"东坡"。

东坡春向暮,树木今何如。

漠漠花落尽,翳翳叶生初。

每日领童仆,荷锄仍决渠。

划土壅其本,引泉溉其枯。

小树低数尺,大树长丈余。

封植来几时,高下随扶疏。

养树既如此,养民亦何殊。

将欲茂枝叶,必先救根株。

云何救根株,劝农均赋租。

云何茂枝叶,省事宽刑书。

移此为郡政,庶几甿俗苏。

——白居易《东坡种花·其二》

在白居易呵护备至的耕耘下,这片曾经荒凉的东坡之地,焕发出了新的生命活力——"游蜂不去,好鸟来栖"。物如此,人亦如此。身居忠州的白居易也迎来了生命里的另一个春季。

元和十五年(820年)仲夏,白居易接到朝廷诏命宣调进长安,正式获封为五品大员。

在忠州近三年的时间里,白居易深深地爱上了这片曾经贫瘠的土地。这里留存着他和百姓齐心协力的汗水,这里也将一直传颂他的德政仁风。人们在忠州街道旁建了一座白公祠,白公祠里设有诗廊、诗碑林,还有白居易的塑像。后人在此赏花木、诵诗文，忠州刺史白居易的美名在百姓的代代相传中流芳千古。

其 一

三年留滞在江城，草树禽鱼尽有情。

何处殷勤重回首，东坡桃李种新成。

其 二

花林好住莫憔悴，春至但知依旧春。

楼上明年新太守，不妨还是爱花人。

——白居易《别种东坡花树两绝》

第六卷
行尽江南数千里

第一节　半朽临风树

当白居易再次回到那令他魂牵梦绕的京都长安，想必其内心满是失望与悲痛的。因为那年唐宪宗暴卒，继任的唐穆宗昏庸失德，朝堂之上一片乱象。

如果说安史之乱是因为藩镇势力过于强大所致，那么在这之后，唐朝中央已渐渐失去了对地方的控制。以新的藩镇势力去制衡安史余党只能是恶性循环，等地方势力稍稍强势后便又形成了各自为政的局面。

从元和元年（806年）到元和十四年（819年），登基后的

第六卷　行尽江南数千里

唐宪宗也曾想有一番作为的。经过十几年的励精图治，唐宪宗的削藩之举获得了一些阶段性成果。古人云："凡百元首，承天景命，莫不殷忧而道著，功成而德衰。"不能坚守住成功，这或许是所有朝代走向衰落的根本原因。

取得一些政绩后的唐宪宗，对朝政开始倦怠，好佛信仙的他，一门心思寻求长生不老药。结果，唐宪宗的身体不但没有变好，反而越来越差，性情也随之变得易怒暴躁。

说到唐宪宗，我们不得不提起这位皇帝对宦官毫无底线的信任。在平定藩镇割据的战争中，唐宪宗任命宦官吐突承璀担任要职，统率出征。

尽管曾辅佐唐宪宗实现元和中兴①的贤相李绛多次直言进谏，提醒唐宪宗一定要远离宦官，以防朝廷权力旁落，可唐宪宗满不在乎。这位皇帝甚至对李绛轻描淡写地说道："宰相多虑了，这些轻如鸿毛的家奴有什么好担心的呢？"

眼看唐宪宗的身体越来越差，因不是太子李恒的亲信，感受到危机的吐突承璀开始寻找新的政治靠山。他将二皇子锁定为目标后，一场除掉太子的宫廷政变悄然酝酿开来。

不承想，谋反的消息意外走漏。太子李恒得知后十分愤怒。在和身边的亲信商量后，李恒的贴身太监王守澄决定先下手为

---

① 元和中兴：唐宪宗在位时年号为"元和"，因治国有方，国家政治一度回归正轨，视为中兴之局。

强。一方面，王守澄以送药为名，命人进入皇帝寝宫，实则是要毒杀唐宪宗（关于唐宪宗死因，史载多与宦官相关，但确切方式存多种说法）。另一方面，王守澄带领军队屠杀吐突承璀一家老小，吐突承璀所拥立的李恽也随之被杀。办完这些事后，王守澄随即联络当朝重臣，宣布吐突承璀因叛乱已被诛杀。

唐宪宗驾崩后，李恒顺理成章登基称帝，史称"唐穆宗"。唐宪宗的元和中兴就这样戛然而止，刚刚显露复苏迹象的唐朝再次滑向历史的深涧。

看着国家历经如此政治变故，白居易的内心自是无比震撼。长庆元年（821年），白居易虽以知制诰之职担任中书舍人，但面对宦官专权的朝政乱象，白居易已然心灰意冷。

后代有学者研究指出，白居易的好友元稹也曾以郎中充任过知制诰，但元稹后来官至宰相和节度使，其中自然不乏宦官的助力。不过，元稹也陷入了牛李党争。这之后，两党互相倾轧竟达四十年之久。

从这一年的十月到第二年的七月，十余万唐军围剿成德节度使王廷凑，可这样的军事力量却久攻不破。思忖良久后，白居易还是上书论述了这一河北军事局势，可朝廷对白居易的主张却置之不理。看着朝堂之上宦官当政、朋党倾轧，想着日渐衰败的国事，白居易决定远离大唐的政治旋涡中心。

长庆二年（822年），五十一岁的白居易上书朝廷请求外放。

第六卷　行尽江南数千里

七月，朝廷下发诏令让他取道襄汉赴任杭州刺史[①]。

在上任的马背上，白居易停下了即将南下的脚步。他回头看了看勤政楼西的一株柳树，那是当年唐玄宗——那个缔造了开元之治的大唐天子亲手所植。如今，这株柳树已有百岁，而自己也已过了知天命的年纪。以垂暮之年对半朽之树，白居易怎能不怆然动怀、泪流满面呢？而此刻，偌大的一座宫墙伫立在那，安静得只能听到风吹过耳畔的声响。

半朽临风树，多情立马人。

开元一枝柳，长庆二年春。

——白居易《勤政楼西老柳》

每每读到此处，我总是会忍不住想白居易为何会哭泣？是对自己命运的不甘还是对大唐国运的无限伤怀？"九天阊阖开宫殿，万国衣冠拜冕旒"，曾经的鼎盛大唐已一去不复返，过往的繁华也终究成了一场梦。环视国土四周，西戎蠢蠢欲动，河朔烽烟又起。宫廷内，宦官专权弄权，党争也愈演愈烈。

白居易就这样呆呆地望着那棵柳树，不知不觉间默然了许久许久。一旁守卫宫门的小吏不知道发生了什么事情，忍不住走到了白居易的马前轻声唤道："大人，大人……"

听到小吏的喊声，白居易这才恍然回过神来。

[①] 刺史：古代官名。"刺"即监察之职，"史"为"御史"之意。

这株临风老柳，终究只能目送白居易按辔离去。此刻，白居易的心里已没有了任何留恋，他即将赴任的是离长安城五千里之遥的杭州。白居易知道，身后那个令他魂牵梦绕的大唐已经离他越来越远……

日高犹掩水窗眠，枕簟清凉八月天。

泊处或依沽酒店，宿时多伴钓鱼船。

退身江海应无用，忧国朝廷自有贤。

且向钱塘湖上去，冷吟闲醉二三年。

——白居易《舟中晚起》

第二节　治水天同功

"看明湖一碧，六桥锁烟水。塔影参差，有画船自来去。"如今，当我们说起杭州，总会有太多的诗情画意要传达，总会有太多的浪漫传奇要歌咏。杭州早已成了东方休闲之都的代表，成了宛如人间天堂的梦幻之境。

可在1200多年前的唐代，相较于古城长安、洛阳，抑或成都、扬州来说，当时的杭州城像极了一名新生的婴儿。他带着纯真的笑容，挥舞着自己柔嫩的小手，欢迎着四方的客人。同时，他借着运河的便利，在寂寂无闻的岁月里一天天长大。

第六卷 行尽江南数千里

历经长途跋涉，当白居易的双脚终于踏上这片江南之地时，他似乎一下回到了自己的年少时代："余杭乃名郡，郡郭临江汜。已想海门山，潮声来入耳……"

这是白居易印象中的杭州，那时的他，为躲避战乱曾在此暂居。那时的他何曾想过，三十多年后，自己会重新踏上这片土地。

此刻的白居易已年过半百，于官场政治，他已看透了许多。不过，那颗儒家知识分子兼济天下之心，那份关切黎民百姓的忠诚信仰，白居易一直未曾改变过。就像那年他在忠州担任刺史一样，来到杭州后，白居易同样脱下官服走到了民间。他要去实地视察民情，才能真正了解百姓的所需所求。也只有这样，他作为地方长官才能确切地知道该如何去做。

经过数日的调查走访，白居易才知道，原来作为江南水乡的杭州。一方面，水是杭州这座城市的灵魂；另一方面，那一池动人的西湖水也暗藏"祸患"。原来西湖的水位较浅，每逢大旱之年，这些水就无法满足周围农田的灌溉需求，湖畔的禾苗都会旱死。而一到大雨之年，西湖的水位就会高涨，禾苗又都会被淹死。

在后世词人墨客的文字里，西湖的美是精妙绝伦的：苏堤春晓、断桥残雪、曲院风荷、花港观鱼、柳浪闻莺、雷峰夕照、三潭印月、平湖秋月、双峰插云、南屏晚钟……

可彼时摆在白居易眼前的西湖尚处于成长阶段，哪有那么多的诗情画意。

"世界什么问题最大？吃饭问题最大。"身为地方长官，白居易首要解决的便是百姓的温饱问题。此刻，白居易要做的便是恢复西湖的灌溉功能，恢复水利对农业生产的基础作用。可白居易又不是水利专家，他能怎么办？

"世上无难事，只怕有心人。"任何困难总是能找到解决的办法。勤勉的白居易便又像儿时读书般刻苦，他钻到书海里、走进百姓中去找寻解决之道。

百姓经常看到，白居易在白日里漫步西湖之畔抑或泛舟西湖之上，而他的身旁总是围绕着一群热切交谈的父老乡亲。夜深人静时，守候在府衙的小吏也常常看到白居易的屋里亮着灯，灯下的白居易正在研读各种专业的治水之书。

所谓"精诚所至，金石为开"，如此一番呕心沥血，白居易终于规划出一个完整的修堤方案：平日蓄水以备旱时，暴雨之日则开闸放水以减轻水灾之害。

白居易的嘴角扬起了许久未见的笑容，他的眼神里也散发出希望的光芒。兴奋的白居易把当地县吏邀请到府衙，眉飞色舞地介绍自己钻研出的治水方案。

本想着一定会得到支持的白居易却当众遭遇了一记重击。"白大人，可不能这样做啊！在我们杭州当地早有传闻，如

第六卷 行尽江南数千里

果西湖水被人为放出会触犯神灵的，会给钱塘县所有人带来厄运……""白大人，如果放了西湖水，湖里的龙王和鱼类可都没有家了。更何况，百姓种在湖里的莲藕菱角不都枯萎了吗？"……

白居易没有打断他们的话，只是坐在椅子上静静地听着。待听完最后一条反对意见，白居易缓缓说道："你们说人为放水会给百姓带来灾难，难道我们现在不放水，百姓就会生活安康？你们说放了水会让龙王和鱼无家可归，那百姓的性命我们就能视若无睹？你们说种植的莲藕会枯萎，那么请问各位，是莲藕能填饱百姓的肚子，还是田里的稻米能解决饥荒的问题？"白居易的语速很慢，可从他口中说出的每个字都那么坚定有力。如此一番诘问，在座的官吏一时竟哑口无言。面面相觑后，他们最终同意实施此方案。

为了发动更多的民众参与到治水工程中来，同时也为了表达自己治水的决心，白居易还在府衙门前立了块牌子，以诗表达自己治水的决心。同时，为了高效解决百姓灌溉用水的困难，白居易还规定凡遇大旱之时，当地百姓可以直接到州衙要求放水，以免因文书审批流程烦冗而耽误放水事宜。

经过日夜辛勤不懈的努力，西湖的水利工程终于大功告成。这项利民工程不仅解决了西湖的水患问题，还推动了杭州城的繁荣和发展。随着西湖水被引入运河，运河的通航也得到了保障。也正因为此项水利工程,西湖才真正具备了灌溉和游玩的双重功能。

解决了灌溉问题,居民的饮用水问题也亟待解决。从地理位置来看,杭州地处钱塘江边,常年受海潮侵袭。受此影响,杭州地下水碱性偏重,若百姓长期饮用这样的水,对身体健康的损害实在太大。

唐德宗时期,时任杭州刺史的李泌曾带领百姓在主城里凿了六口井。随着西湖水的入井,百姓的饮水问题也迎刃而解。只是随着岁月更迭,待到白居易上任杭州时,六口井与西湖之间的通道已严重淤塞。

刚放松下来的白居易再次投入到紧张的工作中,他又带着民众重新疏通了六口井的输水通道。当杭州城的水渠里流淌出西湖的清水,那清澈的水随之流入居民庭院里,正如史料所载:"复浚李泌六井,民赖其汲。""长庆间,白居易缵邺侯之绩而浚治之,民以为利。"

第三节　行吟白沙堤

操劳完公事,在闲暇之余,一个心里住着山水的浪漫诗人,又怎会不去这钟灵毓秀的杭州城走走看看呢?

第六卷 行尽江南数千里

白居易来到杭州城外的望海楼下,远远望去,望海楼披着明丽的朝霞。此刻的苏小小家,正被娇嫩的绿柳春色紧紧环绕。街上的红袖少女们正交口夸赞着无比细腻的杭绫柿蒂织工。青旗门前,早已聚集了一群争买梨花美酒的客人。

这是白居易眼中杭州城的市井繁华。每每读之,一幅中唐时期杭州百姓的生活画卷,便惟妙惟肖地浮现在我眼前。是谁将湖心孤山的道路开辟了出来?我想每个人都已找到了自己的答案。

> 望海楼明照曙霞,护江堤白踏晴沙。
> 涛声夜入伍员庙,柳色春藏苏小家。
> 红袖织绫夸柿蒂,青旗沽酒趁梨花。
> 谁开湖寺西南路,草绿裙腰一道斜。
>
> ——白居易《杭州春望》

说起杭州,灵隐寺自然也是绕不开的话题,这座建于东晋时的杭州名刹位于北高峰和飞来峰间的灵隐山麓,自古以来,它便以其超凡脱俗、仿若通灵的气质,为文人墨客所称颂。而一生深深浸润于儒释道文化里的白居易,又怎会错过与此结缘的良机。

白居易常常到寺中与高僧探讨佛经要义。

正月初一这一日,身为杭州刺史的白居易欲请韬光禅师用斋。白居易以诗文发出邀请:"白屋炊香饭,荤膻不入家。滤泉澄葛粉，洗手摘藤花。青芥除黄叶，红姜带紫芽。命师相伴食，斋罢一瓯茶。"

韬光禅师也以诗回复："山僧野性好林泉，每向岩阿倚石眠。不解栽松陪玉勒，惟能引水种金莲。白云乍可来青嶂，明月难教下碧天。城市不能飞锡去，恐妨莺啭翠楼前。"

韬光禅师用极为风趣的语言婉拒了白居易的邀请。

白居易和禅师的这般相处，不由得让人想起了苏轼与佛印禅师的交往。他们在与禅师的闲话中找到了心灵的慰藉与共鸣。喧闹与寂静之间，在诗人词家的心中，永远不变的便是那份怡然自得。

一山门作两山门，两寺原从一寺分。
东涧水流西涧水，南山云起北山云。
前台花发后台见，上界钟声下界闻。
遥想吾师行道处，天香桂子落纷纷。

——白居易《寄韬光禅师》

读着这首白居易写给韬光禅师的诗，我们仿佛听见了寺院里那声声悠扬的钟磬之音，好像看到了白居易那宠辱不惊的淡然模样。那份悠然的余韵，着实令人神往。和韬光禅师告别后，白居易还经常去孤山寺。这座寺庙位于西湖畔，是现存文字可考的西湖最古老寺庙，白居易在这里看到了绝美的风景，体悟到了非凡的人生真谛。

第六卷 行尽江南数千里

一日雨后,白居易从寺里走出,空气里满是清新的味道。寺旁的卢橘因饱含清凉的雨水,果实沉甸甸地低垂着。树高叶大的棕榈仿佛是遮径的凉扇,在雨后清风的吹拂下,棕榈的叶子互相轻轻地拍打。放眼望去,西湖之上微波荡漾。那似有若无的轻轻寒烟、蓝蓝湖波、迷蒙水汽已将这天和水完全连接在了一起。

夕阳的余晖洒落在湖面上,为湖上参差不齐的琼楼珠殿镀上了一层金光。细细看去,每一处光影都别有一番韵味。等白居易坐船到对岸,那一座孤山寺则像极了仙山中的蓬莱宫。它坐落在水中央,云雾缥缈。

柳湖松岛莲花寺,晚动归桡出道场。
卢橘子低山雨重,栟榈叶战水风凉。
烟波澹荡摇空碧,楼殿参差倚夕阳。
到岸请君回首望,蓬莱宫在海中央。

——白居易《西湖晚归回望孤山寺赠诸客》

从孤山寺以北漫步到贾公亭以西,那个春日,当白居易走过他亲手治理的西湖时,他的内心深处定会涌起无比的欣慰和自豪。

一眼望去,初涨的春水已与两边的堤岸齐平,湖面荡漾的微波也好像和空中自由舒展的白云连接在了一起。仔细一听,青青的柳树上,几只早出的黄莺正喋喋不休地争栖。它们的声音是那么空灵细腻、婉转动听。

　　勤劳的燕子早早开始了春日的劳作，正忙着衔泥筑巢。遍地的野花正东一团西一簇地竞相开放，令人目不暇接；那嫩绿的春草还没长高，仅仅没过马蹄。一路的湖青山绿，一路的鸟语花香，这段旖旎柔美的白沙堤真让人意犹未尽。在深情的杨柳绿荫之下，连分离愁绪也变得更加深沉，让人难以割舍。

　　在白居易的笔下，杭州以它无与伦比的秀丽之美走进了中国诗词的浩瀚海洋，成为一颗耀眼的明珠。

　　从长庆二年（822年）的十月到长庆四年（824年）的五月，从白居易的双脚踏上杭州这片土地到他离任，短短二十个月的时间里，白居易交出了一份成绩斐然的答卷。

　　因白居易得当的措施，杭州开始发挥运河的便利，经济也随之得到发展。杭州这座曾经稍显稚嫩的城市，在他的治理下犹如一棵树苗，渐渐枝繁叶茂，真正得到了世人的认可。因为白居易诗文的广泛传播，杭州渐渐被世人熟知，苏杭的美誉也慢慢地走进了人们的心里。

　　　　孤山寺北贾亭西，水面初平云脚低。
　　　　几处早莺争暖树，谁家新燕啄春泥。
　　　　乱花渐欲迷人眼，浅草才能没马蹄。
　　　　最爱湖东行不足，绿杨阴里白沙堤。

　　　　　　　　　　　　白居易《钱塘湖春行》

第四节　最忆是杭州

从湖畔到堤岸，杭州的云水间处处洋溢着无尽的诗情画意。只是相遇总是猝不及防，而离别却是蓄谋已久。

三年任期转瞬即逝，白居易与杭州离别的日子也日益临近。杭州这座初兴之城逐渐成长，一步一步立于江南前列，而白居易见证了这段过程。于杭州的这份喜爱，于西湖的这份深情，早已深入到白居易的骨髓之中——"若令在郡得五考，与君展覆杭州人"。

白居易的深情厚谊，杭州的百姓又怎会不知？这几年，杭州的父老乡亲真切地感受到白刺史的殚精竭虑。

临别的五月，西湖水光潋滟。越过湖面，白堤两岸的杨柳悄悄垂下了头。走的这一天，无论是耄耋老翁还是垂髫小儿，杭州城的所有百姓皆箪食壶浆，齐聚街头。他们拦住了白居易的马，双手捧着酒，希望白刺史能再喝一杯离别酒。

白居易的眼眶不禁湿润了，他实现了造福一方百姓的儒家理想，他把可贵的人文精神留了下来，他已问心无愧。只是朝廷的任期已到，他也无可奈何。他只能强忍住泪水，与百姓挥手作别："耆老遮归路，壶浆满别筵。甘棠无一树，那得泪潸然？税重多贫户，农饥足旱田。唯留一湖水，与汝救凶年。"

白居易传

走之前，白居易把自己这三年来节衣缩食省下的官银统统放入杭州府库，充作公用。据说后来的官员用完这笔钱之后，他们也都仿效白居易将自己的俸银悉数补了回去。这笔钱，一直用到了黄巢起义[①]时才用完。

回京的路上，白居易又命随从从行李里拿出两块小石头。这是白居易离任前几日特地去天竺山上寻的。此刻，白居易一遍遍读着石块上镌刻的杭州印记。即使已离任，白居易的心里又何尝能放下这江南、这杭州、这西湖呢？

> 湖上春来似画图，乱峰围绕水平铺。
> 松排山面千重翠，月点波心一颗珠。
> 碧毯线头抽早稻，青罗裙带展新蒲。
> 未能抛得杭州去，一半勾留是此湖。
>
> ——白居易《春题湖上》

十年后，白居易还在给裴使君的诗里写道："官历二十政，宦游三十秋。江山与风月，最忆是杭州。"即便行将暮年，对于杭州的这份深情，白居易依然是心向往之："江南忆，最忆是杭州。山寺月中寻桂子，郡亭枕上看潮头。何日更重游？"

令人惋惜的是，晚年的白居易再也没有机会重游杭州城。虽然无缘再见故地，故地的百姓却将他永远记在心里。

[①] 黄巢起义：公元 878 年到 884 年，由黄巢领导的农民起义。

第六卷　行尽江南数千里

人们很早就将白沙堤称呼为"白公堤"。人们在孤山南麓建立白公祠来纪念、缅怀白居易,杭州城的大街小巷里也代代流传着白居易为官的清廉事迹,以及他治理杭州的丰功伟绩。

是的,天地之间有杆秤,那秤砣是咱老百姓。有人就是这样永远住进百姓的心里,住进历史的咏叹里。他是公元822年的白居易,他也是公元1069年的苏东坡。

这两位相差两百多年的诗人词家,总是有太多相像的地方。究其根由,无非是二人都有着一颗儒家知识分子的经世济民之心。

熙宁四年(1071年),因反对王安石变法,苏轼自请离京赴杭州任通判。在这广袤的天地间,有的人转身就再也不见,而有的人一次相遇就能开启一段刻骨铭心的情谊。人和人是这样,人和城亦是如此。

杭州就这样意外地成了苏轼的第二故乡,直到他于熙宁七年(1074年)九月调离杭州,两年多的相聚相守让苏轼和这座江南水城结下了深厚的情缘。

> 未成小隐聊中隐,可得长闲胜暂闲。
> 我本无家更安往,故乡无此好湖山。
> ——苏轼《六月二十七日望湖楼醉书五绝·其五》

元祐四年(1089年),离任十五年之后,苏轼又一次来到杭州任职。这次,苏轼又在杭州待了三年。

在杭州的数年时间里,苏轼想方设法恢复西湖的秀美风貌。他带领着全城百姓新建水库、清理运河淤泥。他赈济灾民,兴办安乐坊医院。他让西湖——杭州城的眼睛再次透亮地展示在了世人的眼前。

其 一

朝曦迎客艳重冈,晚雨留人入醉乡。
此意自佳君不会,一杯当属水仙王。

其 二

水光潋滟晴方好,山色空蒙雨亦奇。
欲把西湖比西子,淡妆浓抹总相宜。

——苏轼《饮湖上初晴后雨二首》

三潭印月、苏堤春晓,氤氲着杭州山山水水的诗篇让世人再次看见了西湖的秀丽、杭州的隽永。杭州的百姓也在心里记下这样一位为民着想的地方长官。

"日出江花红胜火,春来江水绿如蓝,能不忆江南?"当我再次读起这首诗,当我再次驻足这江南水乡,我总是会想起从容的白居易和苏东坡。他们宠辱不惊,闲看庭前花开花落;他们去留无意,漫随天边云卷云舒。

为我踟蹰停酒盏,与君约略说杭州。
山名天竺堆青黛,湖号钱塘泻绿油。
大屋檐多装雁齿,小航船亦画龙头。

所嗟水路无三百，官系何因得再游？

——白居易《答客问杭州》

第五节　君到姑苏见

"桂魄初生秋露微，轻罗已薄未更衣"，这年秋日，白居易历时数月从杭州回到了熟悉的洛阳。也许是自古以来的秋日总是清冷萧索，也许是自己已年逾半百青春不再，也许是对这朝局心灰意冷，回到履道坊旧宅的白居易变得淡然和沉默了许多。

这年冬日，好友元稹将白居易之前的诗作编成了五十卷的《白氏长庆集》，并亲自作序。这部诗集包含了白居易诗歌类型的方方面面。其中有描写闲情逸致抑或自然田园风光的闲适诗，有讽刺政治、训诫世人的讽喻诗，有叙写人间悲欢离合的感伤诗，还有研究规律且具有音乐性的杂律诗。

这部诗集的编纂让白居易的诗更好地保存下来，也让白居易的诗在市面上风行开来。这年的十一月，平日里纵情享乐的唐穆宗忽然罹患中风之症。为了尽快康复，也为了将来可以长生不老，唐穆宗迷恋上了金石之药。

尽管百官们苦心劝谏，但唐穆宗根本听不进去，仍旧继续服用。苦苦撑到次年正月，时年三十岁的唐穆宗于寝殿驾崩。

宝历元年（825年），时年十六岁的太子李湛登基称帝，史称"敬宗"。

这位唐敬宗皇帝在纵情享乐方面比起他的父亲更是有过之而无不及。唐敬宗不分昼夜、肆无忌惮地纵情于声色犬马之中。早已对宦官专权的朝政失去信心的白居易再次请求外任。这次朝廷调任他为苏州刺史。

唐时的苏州倒是比白居易刚任职时的杭州富庶了许多。苏州地处太湖平原，城市内遍布商铺，是整个浙西地区最为发达的经济地带。在以农为主的中国古代社会，人口数量是衡量一个朝代或是一座城市经济发展的最重要因素。

《通典·历代盛衰户口》中记载，唐初苏州每年的人口增长都远超全国的平均水平。安史之乱后，唐朝的人口锐减三千多万。而地处江南的苏州受到战争的影响比较小，战争之后，很多北方人也南迁到了苏州。中唐以后，苏州慢慢成为人口密集的城市。

有了充足的劳动力，加之苏州先进的农田水利工程及发达的交通，农业、手工业等各产业都被带动了起来，各行各业得以有序发展。

渭北离乡客，江南守土臣。
涉途初改月，入境已经旬。
甲郡标天下，环封极海滨。

第六卷 行尽江南数千里

> 版图十万户,兵籍五千人。
> 自顾才能少,何堪宠命频。
> ——白居易《自到郡斋仅经旬日方专公务未及宴游偷闲走笔题二十四韵兼寄常州贾舍人湖州崔郎中仍呈吴中诸客》(节选)

白居易和苏州这座城市的缘分,还得从贞元二年(786年)说起。那期间,徐州一带硝烟四起,战乱频繁。十五岁的白居易跟着母亲来到苏州投靠亲戚、躲避战乱。

那时的白居易无心游山玩水,他所想所念的都是徐州的朋友和亲人。不过,我总会忍不住想那时诗意的苏州,于白居易肯定产生过潜移默化的影响。时隔三十八年白居易再次来到苏州,登上阊门的那一刻,该会有一番怎样的回忆呢?

> 阊门四望郁苍苍,始觉州雄土俗强。
> 十万夫家供课税,五千子弟守封疆。
> 阖闾城碧铺秋草,乌鹊桥红带夕阳。
> 处处楼前飘管吹,家家门外泊舟航。
> 云埋虎寺山藏色,月耀娃宫水放光。
> 曾赏钱唐嫌茂苑,今来未敢苦夸张。
> ——白居易《登阊门闲望》

这繁华富饶的苏州城,这风光秀丽的水上江南,宛如一幅精美画卷在历史长河中静静舒展。此刻,云雾缭绕的山间,隐隐约约可以看见围绕虎丘山建的佛寺，朦朦胧胧的青翠山峰在这云雾间也暗淡了些许。月光下，不远处的馆娃宫依稀可见。水面上泛出的月光清辉，映照出迷人的梦幻美景。

白居易来苏州任刺史的消息不胫而走，闻听此讯息的苏州城百姓欣喜万分。因为他们早已拜读过白居易的诗作，早已听闻过白居易的清廉事迹。百姓主动把自家门前整理得井井有条，自动上街将路面打扫得干干净净。

下了马车的白居易看到朴实可亲的百姓，心里甚是感动。"为官一任，造福一方"，白居易那颗"为民请命"的赤子之心又燃烧起来。他婉拒了当地官府的接风宴，径直来到自己的办公府衙。白居易没耽搁片刻做，一头扎进了政务繁事的处理中。

"君到姑苏见，人家尽枕河。"在走村入户的探访中，白居易了解到同样作为水城的苏州，"水"还是个大问题。因为年久失修，白居易发现古城里很多河堤坍塌，河道也被淤泥堵塞。

在整治杭州西湖的过程中，白居易深刻意识到便利的水运对一座水城的重要性。在白居易的亲自号召下，苏州城的百姓纷纷加入水利工程的疏浚当中。

他们从阊门开始清淤排涝，一直通达到其七里之下。因为有过治理"白堤"的经验，白居易让百姓将河里挖出来的淤泥顺势垒成河堤。随之，在堤的两旁种竹栽柳。如此，坍塌的河堤被修整一新，淤塞的河道也被疏通。随着山塘河河道的顺利开凿，阊门和大运河的水路交通也连接上了。

自此，小桥流水的苏州城更是游人如织，船、车、马、行人熙熙攘攘，好不热闹。而用河道挖出来的淤泥堆砌成的山塘堤，也惠及了一代又一代苏州人。

如今的七里山塘街依旧是商铺遍地，游人如织。当夜幕降临，又是一番"千门灯火夜似昼"的景象。望着这红尘中的富贵风流之地，这万家灯火里的点点亮光，我似乎听到它们正轻声诉说着，曾经一个叫白居易的刺史治理七里山塘的故事。

> 不厌西丘寺，闲来即一过。
> 舟船转云岛，楼阁出烟萝。
> 路入青松影，门临白月波。
> 鱼跳惊秉烛，猿觑怪鸣珂。
> 摇曳双红旆，娉婷十翠娥。
> 香花助罗绮，钟梵避笙歌。
> 领郡时将久，游山数几何。
> 一年十二度，非少亦非多。
>
> ——白居易《夜游西武丘寺八韵》

第六节　十里随舟行

"人谓尔从江南来，我谓尔从天上来。"被誉为天堂的另一地苏州，自是山清水秀、人杰地灵。状元、园林、昆曲……苏州是文质彬彬的，苏州是粉墙黛瓦的，苏州又是百转千回的。看那似缕流云，观那如水月华，灵动的苏州山水、秀雅的苏州人文总是那般惹人怜爱。

政事之余，白居易行走在山山水水中，流连于人间烟火处。以怪石、清泉、红枫三绝著称的苏州天平山，奇石嶙峋、峭峻危耸。流经山林间的白云泉，其水也是甘洌醇厚。

这日，白居易来到清幽静谧的天平山。山涧那股潺潺的清泉明澈洁净，沁人心脾。景为情生，情为景托。此刻的白居易见这山泉汇聚而成的桃花涧，不觉长长叹了口气。

"你这如此悠闲从容的泉水，为何要奔涌到山下去呢？你为何要给这纷扰的人世间推波助澜呢？"白居易看似在问这山泉，可谁又不知道白居易其实是在问自己呢！

　　　　天平山上白云泉，云自无心水自闲。
　　　　何必奔冲山下去，更添波浪向人间。

　　　　　　　　　　——白居易《白云泉》

于江南、于苏州，每到一处的白居易都留下了一首首诗文，

第六卷 行尽江南数千里

留下了自己的印记和感受。苏州的亭台楼榭、苏州的管弦酒船、苏州的梅雨、苏州的香粽……苏州的一切都在白居易的笔下增添了几分韵味。

> 忆在苏州日,常谙夏至筵。
> 粽香筒竹嫩,炙脆子鹅鲜。
> 水国多台榭,吴风尚管弦。
> 每家皆有酒,无处不过船。
> 交印君相次,褰帷我在前。
> 此乡俱老矣,东望共依然。
> 洛下麦秋月,江南梅雨天。
> 齐云楼上事,已上十三年。
>
> ——白居易《和梦得夏至忆苏州呈卢宾客》

常言道:"天有不测风云,人有旦夕祸福。"这一天,在苏州街巷间怡然自乐骑着马的白居易不慎从马上摔了下来。尽管府衙即刻展开医治,但是对于一个年过五旬的老人来说,这样的伤痛无疑是严重的。

自此,白居易落下了严重的腰伤。祸不单行,白居易在卧床休息三个多月后,又犯了严重的眼疾。为此,白居易只得连续告假数月。

待到这年的九月,太湖上波光粼粼,芦苇随风摇曳。道前街金黄的银杏叶铺满了一地,东山的橘子已挂满枝头,枇杷花也悄然盛开。闲云溪月，山水年华，如此良辰美景的姑苏秋日却未能留住白居易离去的脚步。因为身体每况愈下，白居易终究还是要北上洛阳。

从宝历元年（825年）到宝历二年（826年），虽然白居易在苏州任上仅仅待了一年左右的时间，可他身体力行着一个儒生兼济天下的使命。当然，白居易为苏州城百姓做的一切，百姓们也都看在了眼里，记在了心里。

分别那天，姑苏城的十万百姓前来相送，他们或站在岸边或乘着小舟。他们泪流满面哭着喊着，希望再多看一眼他们心中敬佩的白居易。就这样，百姓一直相送白居易十里之远。百姓早已将白居易当成了姑苏的乡亲。

浩浩姑苏民，郁郁长洲城。
来惭荷宠命，去愧无能名。
青紫行将吏，班白列黎氓。
一时临水拜，十里随舟行。
饯筵犹未收，征棹不可停。
稍隔烟树色，尚闻丝竹声。
怅望武丘路，沉吟浒水亭。
还乡信有兴，去郡能无情。

——白居易《别苏州》

每每读到此处，我的思绪也总会不经意飘回长庆四年（824

年）。那年的五月，白居易卸任杭州刺史时，不也是此番百姓相送的动人景象吗？

斯人已逝，其风物却长久保存。苏州城的百姓将山塘街亲切地称为"白公堤"，他们还在虎丘山旁修建了一座祠庙来缅怀、纪念白居易。祠庙里镌刻了苏州城百姓对白居易的深情厚谊："唐代论诗人，李杜以还，惟有几篇新乐府。苏州怀刺史，湖山之曲，尚留三亩旧祠堂。"

因为一个人怀念一座城，因为一座城铭记一个人。白居易之于苏州抑或苏州之于白居易，已然成为彼此最美好的回忆。对江南牵肠挂肚的白居易，晚年却没能再回一次江南。斯人已逝，江南的风物却因白居易的一篇篇诗文留在我们每个人的心间。

我们轻轻吟起那首《忆江南》时，我们看到了那个心怀兼济天下抱负的白居易。他爱着如诗如画的江南大地，他心系着生活在这片土地上的百姓。他卓然屹立在烟波浩渺的历史卷册里，卓然屹立在我们每个人的心间……

其 一

江南好，风景旧曾谙。

日出江花红胜火，春来江水绿如蓝。

能不忆江南？

其　二

江南忆，最忆是杭州。

山寺月中寻桂子，郡亭枕上看潮头。

何日更重游！

其　三

江南忆，其次忆吴宫。

吴酒一杯春竹叶，吴娃双舞醉芙蓉。

早晚复相逢！

——白居易《忆江南三首》

第七节　山水乐其志

宝历二年（826年）九月的一日，当姑苏城白墙灰瓦上的最后一缕夕阳余晖渐渐隐去，白居易带着满腔不舍，无奈离开了苏州。

从少年时为避乱赴吴越到中年出任杭州刺史和苏州刺史，白居易的一生与江南结下了不解之缘。从"惠化境内春，才名天下首"到"苏州十万户，尽作婴儿啼"，在江南的这些年，白居易以他的民本主义仁政得到了民众的爱戴和眷恋。江南的山水、江南的人情，让白居易一生难忘。

第六卷　行尽江南数千里

经历多年宦海浮沉，白居易渐渐形成了"外以儒行修其身，中以释教治其心，旁以山水风月、歌诗琴酒乐其志"的人生态度。

江南给白居易提供了好的舞台。宜人的气候、秀丽的山水、喧闹的街市，在这里，白居易不用去想朝廷上尔虞我诈的权力之争。处理完政事之余，白居易只管流连于山水之中，尽享怡然自得之趣。因而在为百姓兼济天下之外，白居易独善其身的一面也愈发显现了出来。

离别的悲伤无须多言，幸好归途中白居易与好友刘禹锡相遇。从春风十里的扬州到素有"淮水东南第一州"美誉的楚州，刘白二人同游，暂得同伴之欢。

这年的冬月，知天命之年的弟弟白行简因病去世。从小一起读书，继而在朝为官，想起曾经相聚的时光，白居易几度哽咽。那年白居易被贬江州，是弟弟亲自来相聚宽慰；那年白居易到忠州为刺史，也是弟弟陪着自己溯江而上。在长江西陵峡的三游洞里，兄弟二人吟诗作赋的场景还历历在目，可如今已物是人非。

一个年逾半百的老人面对亲人的离世，面临朝堂的乱象，他的那颗退隐之心也愈发坚定。

恋他朝市求何事，想取丘园乐此身。

千首恶诗吟过日，一壶好酒醉消春。

归乡年亦非全老，罢郡家仍未苦贫。

快活不知如我者，人间能有几多人。

——白居易《想归田园》

这年的十二月初八，耽于玩乐的唐敬宗像往日一样外出打夜狐（深夜带人捕狐狸）。

回宫后，唐敬宗依旧兴致盎然地摆起了酒宴。正当唐敬宗和宦官们尽兴吃喝时，大殿的烛火忽然被箭射灭。说时迟那时快，埋伏于殿内的宦官刘克明对着唐敬宗一阵乱砍，年仅十八岁的唐敬宗即刻惨死于宦官之手。

这就是唐中后期宦官把持朝政下混乱不堪的朝堂景象，由此，唐朝的国运可想而知。宝历二年（826年），唐敬宗十八岁的弟弟李昂即位，史称"唐文宗"。

唐文宗自小博览儒家经典，有着一番励精图治的雄心壮志。即位初期，唐文宗裁撤冗员，提拔郑注为御史大夫、李训为宰相。他希望通过大刀阔斧的改革来彻底铲除宦官的势力，夺回皇帝的领导权。

大和元年（827年）三月，白居易被征为秘书监[1]，获赐金紫（身着紫色官袍），官至三品。

大和二年（828年）二月，五十七岁的白居易辞去刑部侍

---

[1] 秘书监：古代官名，专掌国家藏书与编校工作的机构和官名。

第六卷　行尽江南数千里

郎[①]职务。作为刑部的副长官，此时的白居易可谓身居高位。可就在这年的十二月，白居易却向朝廷告假百日有余。待到大和三年（829年）三月末，假期已满，白居易被授予太子宾客[②]一职。

从分掌诸司的风尘县尉到成为皇帝心腹的翰林学士，从官邸冷清的江州司马到参与机密、决断政务的中书舍人，从地方刺史再到刑部侍郎，历经宦海浮沉的白居易终于靠近了权力中心。

紫袍新秘监，白首旧书生。
鬓雪人间寿，腰金世上荣。
子孙无可念，产业不能营。
酒引眼前兴，诗留身后名。
闲倾三数酌，醉咏十余声。
便是羲皇代，先从心太平。

——白居易《初授秘监并赐金紫闲吟小酌偶写所怀》

只是如今，白居易对朝政早已看淡。远离喧嚣政治的信念，在白居易的内心深处已牢不可摧。大和三年（829年），五十八

[①] 刑部侍郎：六部之刑部副长官。隋唐时，于京城内设吏、户、礼、兵、刑、工六部，掌管相应国家政务。

[②] 太子宾客：唐朝时正式设立并成为东宫的重要组成部分，为太子提供辅佐、参谋和教导等服务。

岁的白居易以一首《中隐》，向世人宣告他晚年为官为政的思想。

白居易的中隐既有别于隐于山林的小隐，也不同于隐于市朝的大隐，白居易在其二者之上确立了自己的安身立命之法。于政治上，白居易远离了喧嚣的朝市；从经济上，白居易又远离了冷落的丘樊。在追求少忧患的人生、追求安稳的物质生活上，白居易以中隐达到了自己的身心和谐与自适。

> 大隐住朝市，小隐入丘樊。
> 丘樊太冷落，朝市太嚣喧。
> 不如作中隐，隐在留司官。
> 似出复似处，非忙亦非闲。
> 不劳心与力，又免饥与寒。
> 终岁无公事，随月有俸钱。
> 君若好登临，城南有秋山。
> 君若爱游荡，城东有春园。
> 君若欲一醉，时出赴宾筵。
> 洛中多君子，可以恣欢言。
> 君若欲高卧，但自深掩关。
> 亦无车马客，造次到门前。
> 人生处一世，其道难两全。
> 贱即苦冻馁，贵则多忧患。

第六卷　行尽江南数千里

唯此中隐士，致身吉且安。

穷通与丰约，正在四者间。

——白居易《中隐》

第七卷
去似朝云无觅处

第一节　唯此中隐士

五千年的中华文明源远流长、波澜壮阔，其中的隐士文化可谓独树一帜，为中国文化史添上浓墨重彩的一笔。而隐士阶层凭借其特立独行的清雅品质，也在卷卷青史中大放异彩。

他们或携友同游，寄情山水；或吟诗作赋，高卧陋室；或把酒临风，侃侃而谈。得意时，他们击缶高歌，失意处，他们仰天长啸。正所谓："采芝何处未归来，白云满地无人扫。"

"隐士"，其意为"隐居不仕之士"。"士"，是谓读书人，即读圣贤书的知识分子。"不仕"，是指未能进入仕途或主动放弃

第七卷　去似朝云无觅处

仕途。隐士们或居岩穴为乡民百姓砍柴，或游走于江湖行侠经商。《易》曰："天地闭，贤人隐。"质言之，有能力、有学问为官却不愿为求仕途而曲意逢迎之人，才能称得上隐士。

五千年中华文明，隐士阶层星罗棋布，不胜枚举。

说起第一位隐士，人们常会想起《高士传》里记载的许由。"尧又召（许由）为九州长，由不欲闻之，洗耳于颍水滨，时有巢父牵犊欲饮之，见由洗耳，问其故。对曰：'尧欲召我为九州长，恶闻其声，是故洗耳。'"

英明的尧帝听说许由品行高尚，便有意把帝位禅让给许由，让他来治理天下。听闻此言，"清高"的许由不但拒绝了尧帝，而且连夜逃进箕山隐居起来。

看到许由这样的反应，尧帝对许由的敬意反而更多了一层。坚持不懈的尧帝又派人去请许由出山："如果您坚持不接受帝位，能否请您出来当九州长？"

许由没有当面回答使者的提问，而是即刻跑到山下的颍水边掬水洗耳，因为许由觉得这些功名利禄之言玷污了自己的耳朵。此时，正好碰见巢父牵着牛犊前来饮水。

巢父疑惑地问许由在干什么？许由便将尧帝要自己当大王、当九州牧的事诉说了一番。也许，许由这样诉说是想得到巢父的同情，最好是巢父也能宽慰他几句。没想到的是，巢父听了许由的话，不仅没有同情他，反而不屑地说道："假如你一直住在深山高崖，深居简出，谁能看见你？尧帝肯定也找不到你啊！怪就只怪你自己到处游荡，就为了换取美好的名声。现在倒好，假装来洗耳朵，你就别故作清高了！"

此外，商末不食周粟饿死在首阳山的伯夷和叔齐，春秋时宁死不受君禄的介子推、骑青牛出关的老子，战国时的庄周，魏晋时的陶渊明、竹林七贤，隋唐时半隐半仕的王维、孟浩然，宋时的希夷先生陈抟，明清时期的唐寅、黄宗羲、朱耷等，这些隐士的传奇故事也为人们津津乐道。

古人认为，隐士不但有真伪，且有品级之分。古语有言："小隐隐于野，中隐隐于市，大隐隐于朝。"

《后汉书》中说隐士们"或隐居以求其志，或回避以全其道，或静己以镇其躁，或去危以图其安，或垢俗以动其概，或疵物以激其清"。隐士，是在独处中把自己的内心修炼到如止水般平静，思想充满灵动智慧，心性保持和善仁慈。深山中的隐士常常默默无闻、茅蓬褴衣，却孕育出深厚的思想文化之根。

他们或清雅，如"随意春芳歇，王孙自可留"；他们或孤傲，如"出淤泥而不染，濯清涟而不妖"；他们或飘逸，如"衣沾不足惜，但使愿无违"……

从古至今，大多学者对隐士持否定态度。他们认为隐士逃避现实，不仅不宜对年轻人提倡隐逸之风，还应对此加以坚决抵制。但是，隐士的独立人格、自由精神、豁达胸怀、通透智

第七卷 去似朝云无觅处

慧、淡泊心境、洒脱作风、恬淡生活,却为人们称颂至今。

自古以来,仕、隐两途在不同的历史时期因为不同的思想和生活方式,犹如两条不同的轨迹,背道而驰。在后世文人士大夫的创造性融合下,亦仕亦隐也成了一种别具特色的隐逸文化。

那么,到底什么样的人才能算得上真正的隐士呢?其实,古往今来从未有过一个标准答案。一个通俗的参考标准是看其在为人和为政间所作的妥协。

"风流不在谈锋胜,袖手无言味最长。"我常常会想,当一个人无力改变这个社会时,他唯一能做的便是改变自己,同时还要确保自己不被这个社会改变。

那么,对于白居易而言,中晚年出任江南的机会让他摆脱了政治旋涡,他在寄情江南山水间做到了勤政爱民。回到洛阳后,白居易于"隐"做出的选择是继续"独善其身"。当然,也有很多学者评论:"这是中年以后的白居易意志消沉、不思进取的集中体现。"

对此,我却想说说白居易的千般无奈、万般悲哀。

唐中晚期,宦官专权、牛李两党党争愈演愈烈。牛僧孺是白居易的门生,白居易又与牛党的三杨有姻亲关系。从这样的关系来看,白居易应该站在牛党一方。然而,白居易的一生挚友元稹,却与李党的李德裕甚为亲近。此时的白居易又身居要位，想保持中立已然难上加难，更何况这样的朝堂之争又岂是白居易所能左右的？

大和三年（829年）三月，五十八岁的白居易罢刑部侍郎，以太子宾客一职分管东都。在其位则谋其政，作为大唐的官员，白居易要尽到一份为官的职责。可要去反抗这黑暗的官场，白居易却有心无力。从此，白居易便以一种敷衍官场的姿态周旋其中，半官半隐半山水。

> 承华东署三分务，履道西池七过春。
> 歌酒优游聊卒岁，园林萧洒可终身。
> 留侯爵秩诚虚贵，疏受生涯未苦贫。
> 月俸百千官二品，朝廷雇我作闲人。
> ——白居易《从同州刺史改授太子少傅分司》

出世入世，有为无为，白居易给出了自己的人生态度。他既不愿做隐于街市的大隐，也不想做隐于山林的小隐。这样得过且过的日子，或许对于年近六旬的白居易来说，是当时最好的选择吧！

《金刚经》偈语道："一切有为法，如梦幻泡影。如露亦如电，应作如是观。"在晚年的白居易看来，生命中的一切到最后莫不归结于空。纵观白居易的一生，我们不难发现，在白居易的生命历程中，儒、释、道三家思想一直伴他左右。

那是在江南的大小佛寺间，他与高僧的谈佛论禅，使他的心灵得到了净化与启迪。在白居易被贬江州泪湿青衫的那一刻，他对人生无常有了更深刻的感悟。从那时起，中隐的这颗思想种子就埋在了白居易的心底……

抱琴荣启乐，纵酒刘伶达。

放眼看青山，任头生白发。

不知天地内，更得几年活？

从此到终身，尽为闲日月。

——白居易《醉吟先生传》（节选）

第二节　结缘香山寺

大和四年（830年）正月，元稹代牛僧孺担任武昌节度使。李宗闵因为牛僧孺入朝而被引为兵部尚书、同平章事，他们又共同排挤李德裕一党，牛李党争趋于白热化。

一场安史之乱让曾经繁荣昌盛的唐朝每况愈下。尽管唐宪宗也曾励精图治、锐意改革，可是藩镇割据、宦官专权、朋党之争和民众揭竿而起，让唐朝中兴成为镜花水月。

其中的朋党之争，即牛李党争，历经六朝，持续了近四十年。

从唐宪宗元和三年（808年）至唐宣宗大中初年（847年），

以牛僧孺、李宗闵为首的"牛党"与以李德裕为代表的"李党"展开了尖锐的斗争。牛李双方为了一己私欲,互相倾轧。两派吵吵嚷嚷,争论不休,更是视朝政如同儿戏,一步步将本就腐朽衰落的唐朝再次推向了深渊。

唐宪宗元和三年(808年),朝廷以"贤良方正、能直言极谏科"选拔人才。举人牛僧孺、李宗闵在对策时,竟然公开讥讽宰相李吉甫。这让宰相李吉甫的脸面置于何处?深感委屈的李吉甫来到唐宪宗面前,控诉牛僧孺、李宗闵二人私贿考官,考风不正。忙于政务的唐宪宗并没有派人追查此事,为了安抚受伤的李吉甫,唐宪宗下令此后不予任用牛李二人。

这件事在朝堂上引起了轩然大波,很多大臣开始替牛僧孺和李宗闵鸣不平,因为牛李二人并没有营私舞弊,这完全是李吉甫的栽赃嫁祸。随着舆论愈演愈烈,唐宪宗迫不得已先将李吉甫贬为淮南节度使。经此一事,朝中大臣渐渐分化为两大对立的阵营,至此,牛李党争这场持续四十余年的政治纷争缓缓拉开帷幕。

在政见上,牛僧孺、李宗闵支持科举制度,反对门阀制度,主张取士"地胄词彩者居先"。李吉甫及其儿子李德裕则坚决反对科举制度,他们认为:"朝廷显官,须是公卿子弟。何者?自小便习举业,自熟朝廷间事,台阁仪范,班行准则,不教而自成。寒士纵有出人之才,登第之后,始得一班一级,固不能熟

第七卷 去似朝云无觅处

习也。"

牛李两党对科举制度的不同态度，正体现了新兴阶级与贵族阶级争夺政治权力的不同利益点。史学界大体上认为牛党是新兴的庶族地主，而李党则是没落的门阀世族。著名史学家陈寅恪先生认为："牛党代表进士出身的官僚，李党代表北朝以来山东士族出身的官僚。他们之间的分歧不仅是政见不同，也包括对礼法、门风等文化传统的态度之异。"

当然，牛李两党对待科举制度截然不同的态度，不仅仅是新兴阶级与贵族阶级争夺政治权力的较量，也是新兴阶级与贵族阶级在意识形态领域的斗争。

在《政治革命及党派分野》一文中，陈寅恪说："东汉学术之中心在京师之太学，学术与政治的关锁则为经学，盖以通精义，励名行为仕宦之途径，而致身通显也。自东汉末年中原丧乱以后，学术重心自京师之太学移转于地方之豪族，学术本身虽亦有变迁，然其与政治之关锁，乃寻其东汉以来通精义，励名行以致从政之一贯轨辙，此点在河北即所谓山东地域尤为显著，实与唐高宗、武则天后之专尚进士科，以文辞为清流仕进之唯一途径者大有不同也。"

这就是说，在唐中期，李党所代表的山东士族门阀，主张经学正宗，认为那些进士出身的人浮躁、没有真才实学。李德裕认为："臣无名第，不合言进士之非。然臣祖天宝末以仕进无他伎，勉强随计，一举登第。自后不于私家置《文选》，盖恶其祖尚浮华，不根艺实。"进士出身的官员不熟悉实际事务，只知工诗赋、谋进取，态度又轻浮，或许是李党痛恶牛党的主要原因。

反观牛党一派大部分是没有门第背景的寒门子弟，虽然有少数出身山东的旧士族，但他们大多以进士入仕为目的。他们重文采、没有传统的礼法约束，这是在武后当政之后培养的新兴集团。他们背负的传统包袱小，善用考官、门生与同年的关系，求取政治上的利益。而李党受传统家法影响，不利用进士身份攀附主考官。

因此，在牛党眼中，李党都是一些顽固不化、被传统礼法约束的保守主义者，而牛党则自视为革新主义者，他们之间的斗争，在所难免。

除了在科举制度的见解上两党持截然不同的观点，对待藩镇割据，两派主张也有天壤之别。

唐中后期，藩镇长期割据，边族寇扰纷乱四起。唐廷对此是兴兵征讨还是姑息忍让，朝臣间的政见也迥然不同。

李党坚持维护中央集权，主张对藩镇和吐蕃等采取强硬政策，力主削藩、接纳吐蕃降将。李德裕任宰相一职时，就力排众议，坚决主张对拥兵擅命、盘据泽潞的刘稹进行军事征讨。战争拉锯一年多，李德裕又"筹度机宜，选用将帅，军中书诏，

第七卷　去似朝云无觅处

奏请云合，起草指踪……诸相无预焉"，平定了泽潞五州，打击了藩镇势力，彰显唐廷威严。

与此相反，牛党则主张对藩镇采取妥协忍让的措施，还曾将吐蕃降将送还其国。牛僧孺、李宗闵当年在科举策试中讥讽李吉甫，其中一项重要内容就是反对以武力征讨藩镇。

李吉甫在唐宪宗元和年间辅助皇帝推行削藩国策，取得了一定成绩，而这也引起了牛僧孺、李宗闵的极度不满。后来，李德裕在讨伐刘稹时，居洛阳的牛僧孺闻听刘稹兵败的讯息，常常"恨叹之"。

为什么牛党与藩镇有着如此密切的关系呢？这还要从唐顺宗年间开始说起。

贞元二十一年（805年），为了打击宦官势力、革除政治积弊，唐顺宗联合官僚士大夫集团进行了永贞革新。改革一开始，进展颇为顺利。不知不觉中，宦官被革新派的核心人物王叔文夺去军权，藩镇的嚣张气焰逐渐收敛。

此时的藩镇逐渐意识到，自己与宦官是利益共同体。于是，藩镇提示宦官集团要小心王叔文釜底抽薪。就在这个关键时期，唐顺宗突然中风失音，不能管理朝政。朝廷大事只能由王叔文、柳宗元等代为管理。改革大臣手握实权，这本来是件好事。可是在幕后的唐顺宗身旁服侍的，只有宦官李忠言、美人牛昭容二人。时间一久，政令的上传下达开始变得错综复杂。

最终，这场皇帝与士大夫联合试图夺回权力的革新运动不幸失败。这场永贞革新后，宦官集团与藩镇集团的关系也日渐密切。

当时的寒门子弟想要通过科举这条路入仕为官，他们发现与其想方设法攀附主考官，还不如攀附朝廷宦官来得快。所以，牛党成员便从攀附主考官转向了攀附宦官。

其实，从唐宪宗之后，唐廷的中央政权已落入宦官之手，就连皇帝都成了宦官的傀儡。不过，宦官集团也分不同的派别，派别之间也会争夺控制大权。

为求政治上稳定的前途，文官们也都争相攀附宦官，尤其是没有传统家法束缚且政治资源薄弱的牛党人士。在他们看来，不攀附宦官就无法擢居高位，就没有机会一展政治抱负。牛僧孺入相虽为李宗闵举荐，但李宗闵本身就是依赖宦官助力才能两度入相。牛党中的杨嗣复、李珏也因结交枢密使刘弘逸、薛季棱而得以在甘露之变后晋身宰相。

由于牛党与宦官集团走得较近，所以自然而然与藩镇关系密切。当然，牛党并非真的对藩镇情有独钟。牛僧孺曾写过一篇名为《玄怪录·郭代公》的小说，小说以鱼肉乡民的乌将军影射唐代的藩镇乱象，耆老的顺从反映了朝廷的姑息，而郭元振为民除妖则寄寓了百姓对惩恶治乱的期盼。由此也能看出，牛僧孺其实从心底里也是痛恨藩镇的，但是，为了自己的政治前途，他只能妥协。

当然，牛党对藩镇采取消极的态度，并非全错。藩镇问题在唐宪宗时曾得到过一定程度上的解决。那时，对唐廷有威胁的也只有东北一隅的河朔割据型藩镇，其他的多是扈从者，又或是实力较弱的镇守者。

而在一片骄横跋扈的氛围中，京师尚留有防遏型藩镇作屏障，还有听从王命的节使可供差遣。可令人惋惜的是，此时的唐宪宗并没有一鼓作气地解决藩镇问题，中唐之后藩镇割据的问题一步步恶化。

到了唐文宗任李德裕主政时，唐朝削藩的最好时机已经过去。李德裕虽然能在一些削藩战役中取得一定胜利，但是整个大局面下藩镇的实力仍然较强，一味坚持武力讨伐藩镇后果难以预料。此外，牛李两党在互相倾轧时，往往不择手段、意气用事，甚至置朝廷的利益于不顾。

唐文宗大和五年（831年），牛僧孺任宰相，李德裕为西川节度使。此时，吐蕃内乱，吐蕃大将悉怛谋携维州向李德裕投降。维州可是大唐与吐蕃之间的军事要地，唐廷曾经屡征不得，现在竟然能不费吹灰之力获得。李德裕当即表示欣然接受，并上报朝廷。

可意料之外的事情出现了，牛僧孺对收纳维州表示坚决反对。他还给出了冠冕堂皇的理由："吐蕃之境，四面各万里，失一维州，未能损其势。比来修好，约罢戍兵，中国御戎，守信为上。"牛僧孺主张把悉怛谋及维州交还吐蕃，以免引起吐蕃的反叛。

更加出人意料的事情是，唐文宗听后竟深以为然。于是，他令唐军撤出维州，遣还悉怛谋等，无奈的李德裕只得照办。后来，悉怛谋等被吐蕃处死于边境。这之后，牛李双方的仇恨又更深了一层。

不得不说的是，牛党除了坚持主和的一贯态度外，此举很可能也是为了打击李党，不让李党立功上位。牛党的这一做法，加上唐文宗缺乏主见，导致唐朝已经获得的军事要地再次丧失，这也为唐朝后期的边疆治理留下了深深的隐患。

大和六年（832年），唐文宗下诏将李吉甫之子李德裕从四川节度使任上调入京城，担任新宰相一职。时任宰相的李宗闵听后，尽其所能阻止自己的职位被取代，但始终没能成功。最后，李宗闵被调出京城改任江南西道节度使。

不肯善罢甘休的李宗闵开始寻找新的机会巩固自己的势力，在与牛党成员商议后，他们一致认为翰林学士的位置至关重要。因为这个位置不仅有非常多接近皇帝的机会，而且对朝廷的决策有着重要的影响。于是，李宗闵想方设法让牛党成员进入翰林院。

知道牛党算盘的李德裕使出浑身解数阻止牛党之人进入翰

第七卷　去似朝云无觅处

林院。也许，李德裕在阻止牛党成员进入翰林院一事上太过执着，以至于用力过猛，竟让唐文宗对他的人品产生了怀疑。终于，忍无可忍的唐文宗罢免了李德裕的宰相职位，将江南西道节度使李宗闵擢升为新任宰相。

总之，牛李两派在朋党之争中，为排除异己，斗得你死我活。朝堂上下，一片乌烟瘴气。

大和四年（830年）二月，兴元军发动叛乱，节度使李绛被杀。纷纷扰扰的朝堂，叛乱不休的藩镇，白居易忧君忧国却无力改变。

次年（831年）三月，耳顺之年的白居易又失去儿子阿崔。不到三年，那年五十八岁老来得子的喜悦似乎还在眼前，可如今，这个年仅三岁的孩子却不幸夭折。

老来丧子，白发人送黑发人，这样的打击对白居易来说无疑是沉重的。白居易啼眼加昏，肝肠寸断。于生活而言，白居易也失去了最后一丝牵挂。

　　掌珠一颗儿三岁，鬓雪千茎父六旬。
　　岂料汝先为异物，常忧吾不见成人。
　　悲肠自断非因剑，啼眼加昏不是尘。
　　怀抱又空天默默，依前重作邓攸身。

——白居易《哭崔儿》

俗语云："福无双至，祸不单行。"这年七月，一生挚友元稹又于武昌任所不幸离世。闻此消息，白居易顿首痛哭："安有形去而影在，皮亡而毛存者乎？"是啊，元白二人相交三十余年，慰藉酬唱诗篇也近千篇。曾经的他们千里神交、梦中相通，曾经的他们无话不说。

京城的牛李党争还在持续，白居易的少年意气已消磨殆尽。萧瑟的秋雨伴着寒冷的秋夜，肆意敲打着这个孤独老人凄凉的心。

凉冷三秋夜，安闲一老翁。
卧迟灯灭后，睡美雨声中。
灰宿温瓶火，香添暖被笼。
晓晴寒未起，霜叶满阶红。

——白居易《秋雨夜眠》

即将赴任苏州刺史的刘禹锡正好路过洛阳，他看到好友白居易这般悲伤便留了下来，想以己之力宽慰好友。他与白居易朝咏夕觞，半个月的光阴转瞬即逝。

吟君叹逝双绝句，使我伤怀奏短歌。
世上空惊故人少，集中惟觉祭文多。
芳林新叶催陈叶，流水前波让后波。
万古到今同此恨，闻琴泪尽欲如何。

——刘禹锡《乐天见示伤微之敦诗晦叔三君子皆有
深分因成是诗以寄》

第七卷　去似朝云无觅处

好友刘禹锡离开后，白居易整理好衣裳，毅然决然地再次迈进香山寺的大门。

大和六年（832年）七月，夏蝉在林间叫个不停，夏日的闷热让人的心情变得烦躁。这日，元稹归葬咸阳，元家后人希望白居易能为元稹书写墓志铭。

回忆元稹的一生，白居易将自己心中的剧痛化作笔下的万种深情。

予尝悲公始以直躬律人，勤而行之，则坎壈而不偶，谪瘴乡凡十年，发斑白而来归；次以权道济世，变而通之，又龃龉而不安，居相位仅三月，席不暖而罢去。通介进退，卒不获心。

是以法理之用，止于修一职，不布于庶官；仁义之泽，止于惠一方，不周于四海。故公之心不足也，逢时与不逢时同，得位与不得位同，富贵与浮云同。何者？时行而道未行，身遇而心不遇也。执友居易，独知其心，以泣濡翰，书铭于墓曰：

呜呼微之！年过知命，不谓之夭。位兼将相，不谓之少。然未康吾民，未尽吾道。在公之心，则为不了。嗟乎哉！道广而俗隘，时矣夫！心长而运短，命矣夫！呜呼微之，已矣夫！

——白居易《唐故武昌军节度处置等使、正议大夫、检校

户部尚书、鄂州刺史兼御史大夫、赐紫金鱼袋、赠尚书右仆射、河南元公墓志铭》(节选)

虽说元白二人是一生挚友,但元家为表感激之情,还是馈赠了白居易六七十万钱的润笔之资。白居易将这笔百般推辞却不得不收下的钱全部捐给了香山寺,以作修缮寺庙之资。

关于白居易和香山寺的缘分,其实要从大和三年(829年)说起,在洛阳担任太子宾客,闲暇时白居易便常常来寺里进香打坐。

香山寺,位于洛阳城南的香山西坞,始建于北魏熙平元年(516年)。待到唐垂拱三年(687年),高僧地婆诃罗在此圆寂。为示隆重,时人在安置地婆诃罗的遗身时,将这座佛寺再次修缮了一番。

而"香山寺"之名的由来还要追溯到武周时期。在武三思的再三奏请下,武则天才敕赐此名。

武则天登基后,也常领着众臣来此地进香拜佛,而一段"香山赋诗夺锦袍"的传说也一直在民间流传。

爱好诗文的武则天为了鼓励臣子多多参与诗文创作,经常举行比赛。一日,武则天携群臣春游又来到巍峨壮观的香山寺。清风徐来,沁人心脾。武则天一时兴起,遂举办了一个"香山赋诗夺锦袍"的比赛。

面对如此殊荣,群臣纷纷摩拳擦掌,意欲奋力争夺拿下锦

第七卷 去似朝云无觅处

袍。东方虬思维敏捷,率先一挥而就:"春雪满空来,触处似花开。不知园里树,若个是真梅?"

武则天一读甚是欢喜:"爱卿这诗语言生动,意境更是深远。好诗,好诗!"说完,当即令人将锦袍赏赐给了东方虬。

东方虬自是开心,便美滋滋地将锦袍穿在身上。不想此时,一旁的宋之问也完成了诗作。宋诗中有两句曰:"先王定鼎山河固,宝命乘周万物新。吾君不事瑶池乐,时雨来观农扈春。"

武则天细细一读,觉得宋之问这首诗的境界又高了一层,在颂扬万物蓬勃生长之余,还特地称赞了武则天视察民情、体恤百姓的善举。赞不绝口的武则天即刻又下令,将赏赐给东方虬的锦袍收回,重新赏给了宋之问。

"香山赋诗夺锦袍"的故事以其传奇有趣,被人们争相传诵,而香山也因此更多了一些文化气息。只是随着唐中后期藩镇割据的发展,世事变迁下的整个唐朝衰落下来。香山寺便渐渐少了帝王的到访,少了香客们的供奉。

大和三年(829年),等到白居易来到香山寺时,香山寺早已失去往日的辉煌。经历时代更迭和风吹雨打,香山寺已破败不堪。

白居易把元稹家人给予的润笔费全部捐了出来。经过一番修缮,香山寺的建筑有了很大改变,寺庙的往日风貌再次展现在世人眼前。白居易以文寄情,写了《修香山寺记》。白居易的诗文功底自不必说，没多久，《修香山寺记》便为大众所传诵，香山寺也因此再度名声大振。

从元和三年（808年）一直到会昌六年（846年），从白居易定居洛阳到走完自己的生命历程，在其余生的十八年岁月里，白居易和这座寺庙结下了不解之缘。白居易的名字也自此和这座寺庙紧紧相连，永远留在了人们心间。

洛都四郊山水之胜，龙门首焉。龙门十寺观游之胜，香山首焉。

香山之坏久矣，楼亭骞崩，佛僧暴露。士君子惜之，予亦惜之，佛弟子耻之，予亦耻之。顷予为庶子宾客分司东都，时性好闲游，灵迹胜概靡不周览，每至兹寺，慨然有葺完之愿焉。迨今七八年，幸为山水主，是偿初心、复始愿之秋也。似有缘会，果成就之。

噫！予早与故元相国微之定交于生死之间，冥心于因果之际。去年秋，微之将薨，以墓志文见托。

——白居易《修香山寺记》（节选）

第三节　观甘露之变

大和九年（835年）的一日，听着低回苍凉的钟声，白居易一个人走回了寺院的禅房。他拿起笔迟疑了一下，最终还是在纸上写下了自己的心事。

祸福茫茫不可期，大都早退似先知。

当君白首同归日，是我青山独往时。

顾索素琴应不暇，忆牵黄犬定难追。

麒麟作脯龙为醢，何似泥中曳尾龟？

——白居易《九年十一月二十一日感事而作》

这首诗其实是白居易有感于甘露之变而作。其大意是，人生福祸无常，任谁也难料，而自己似乎有先知，大都早早地避开了。当好友同赴刑场时，我并不知晓，却一个人来到香山寺逍遥。当年嵇康遇害，《广陵散》这支名曲也从此失传绝迹。当年李斯被腰斩，他们父子曾在上蔡东门外携犬追兔的快乐时光也一去不返。自古龙鳞被人们奉为神圣之物，可即便如此，也难免会被制成麟干龙酱，这远不如泥中的曳尾龟逍遥自在。

由于这首感事而作的诗，许多诗人学者都对白居易颇有微词。有人说白居易是幸灾乐祸，有人说白居易是心胸狭隘。特别是对"当君白首同归日，是我青山独往时"这一句。宋代章惇认为白居易有一种幸灾乐祸的思想，因而他对白居易的人格产生了质疑。当然，也有人说白居易是因为对朝堂灰心绝望，才会如此阐释自己的内心。而视白居易为偶像的苏轼却坚持认为："不知者以为幸祸。乐天岂幸人之祸者哉，盖悲之也。"苏轼认为白居易不可能是一个幸灾乐祸的人。

其实，在甘露之变中遇害，且与白居易有过交往的人不止王涯。像白居易在诗中屡屡提及的舒元舆就曾多次与白居易同游龙门。在甘露之变发生前，舒元舆还在洛阳，他与白居易经常同游龙门香山寺，白居易酬和舒元舆的诗《秋日与张宾客舒著作同游龙门，醉中狂歌，凡二百三十八字》《舒员外游香山寺，数日不归，兼辱尺书，大夸胜事，时正值坐衙虑囚之际，走笔题长句以赠之》都是这时写成的，可见他们的交情不浅。

再如贾𫗧，太和初拜中书舍人礼部侍郎，转兵部，授京兆尹兼御史大夫，封姑臧县男。后拜中书侍郎同中书门下平章事，加集贤殿大学士。李训谋诛宦官，事败，贾𫗧罹其祸。

长庆四年（824年）五月，杭州刺史任期满的白居易迁任苏州刺史。他与时任常州刺史的贾𫗧早有私交，上任途中路经常州特地与贾𫗧谋面叙旧，交杯把盏解愁肠，醉意朦胧诉衷言，席间作《赴苏州至常州答贾舍人》诗。有一次，白居易因身体不佳而未能成行，特作《夜闻贾常州崔湖州茶山境会想羡欢宴因寄此诗》，以补心中之憾。由此可见，白居易与贾𫗧的交情

第七卷　去似朝云无觅处

不错。

白居易诗中"白首同归"指的就是甘露之变中王涯、舒元舆、贾𬤊等遇难的情况。细读原诗句,"当君白首同归日,是我青山独往时",其实是说十一月二十一那天,白居易一个人游览香山寺时的情形。他说什么也想不到这天刚好会发生甘露之变。因为白居易与宦官集团势不两立,宦官绝不会把杀人的事告诉白居易。即使白居易知道了宦官的杀人计划,也无法将这个讯息迅速传递。因此,这天白居易独游香山寺与甘露之变完全是巧合。

如果白居易明明知道宦官要在十一月二十一那天动手杀人,王涯等要人遇害,白居易偏偏还要在这天独游香山寺,那么,指责白居易幸灾乐祸可谓有理有据。

历来有些史学家抓住"当君白首同归日,是我青山独往时"这一句,认为王涯等人都遇难了,白居易还有心情游览香山寺,这不是幸灾乐祸又是什么呢?如果这样理解,那么既是对白居易诗句的误读,也是对白居易人品的亵渎。

与王涯一同遇害的还有白居易的挚友舒元舆、贾𬤊等,难道白居易也对他们的遇难落井下石吗?

再来仔细看看白居易原诗中所引潘岳、石崇、嵇康、李斯等人,皆为奸人陷害而死,白居易借此含沙射影地抨击了宦官集团血腥屠杀的罪恶行径,表达他对宦官集团的愤怒和对朋友遇难的悲痛，哪里谈得上所谓的幸灾乐祸呢？

即使诗中出现了"大都早退"的诗句，有庆幸自己早早地离开了长安这个是非之地的意思，但这也没有丝毫的过错。因为白居易选择远离政治斗争的做法恰好说明他别具慧眼，非常人能与之相比。

其实，纵观白居易的一生，我们不难发现白居易对宦官一向是深恶痛绝的。

元和四年（809年）十月，唐宪宗曾因宠幸宦官吐突承璀，从而任命其为诸道行营兵马使率军进讨王承宗，白居易上疏竭力反对，为此还得罪了唐宪宗。因此，在甘露之变中，白居易绝不可能站在宦官的立场上为其开脱。而从白居易一贯为官的态度上来看，他始终秉持"朝廷之事至大"理念，又岂能把与王涯的恩恩怨怨看得如此之重呢？

末尾两句"麒麟作脯龙为醢，何似泥中曳尾龟"，是白居易自己从甘露之变中总结出来的教训。从字面意思上来说，像麒麟和龙这样被人们视为灵瑞的神圣之物都免不了被宰割后做成脯醢的命运。与其这样，还不如选择做在泥里生活的曳尾龟。从深层意义上来说，这两句实则痛斥了宦官集团的无法无天、为非作歹。不管是什么样的人，只要触犯了宦官的利益，谁都逃不出他们的魔爪。"白首同归"的四位宰相虽然位高权重，不都一个个人头落地吗？这不正是白居易对无情的宦官集团的责

第七卷 去似朝云无觅处

问吗？何来的幸灾乐祸呢？

那么，为什么白居易的这首诗会掀起如此的轩然大波呢？这还得从诗的写作背景谈起。

大和九年（835年）十一月二十一的午朝时分，文武百官齐聚紫宸殿。

正在君臣讨论朝政时，左金吾卫大将军韩约急急忙忙跑上殿来："启禀陛下，昨夜左金吾大厅发生一件奇事，后院的石榴树上突降甘露。"

天降甘露，这可是天下长治久安的吉兆。唐文宗一听甚是喜悦，他立即邀上百官前去观看。软轿抬着唐文宗从紫宸殿来到含元殿。一落轿，唐文宗即命大臣李训等人先去查看。按理说左金吾大厅离含元殿不远，可唐文宗一直等了许久，李训才回来。

"启奏陛下，微臣刚和众人仔细检查，发现不像是真正的天降甘露。为保万无一失，陛下暂且还不能诏告天下。"

"怎么会有这种事？"唐文宗假装疑惑道。他随即命仇士良率众宦官再去一探究竟。

宦官一走，李训便急忙召集郭行余、王璠等人。原来所谓的天降甘露只是他们计谋中的一部分。此刻，左金吾后院早已埋伏下李训的兵士，只等仇士良等宦官进网。

来到左金吾后院的仇士良迎面遇到了大将军韩约，仇士良定睛一看，见韩约满脸是汗，问道："韩大人身体不舒服？"

韩约低着头不敢看仇士良的眼睛，支支吾吾地还没说完话就跌跌撞撞跑了出去。

仇士良正纳闷，一阵风掀开了院中的帘幕。他眼一瞥，正好瞥见了手拿兵器埋伏的士兵。惊慌失措的仇士良赶紧朝门口逃去，守门的士兵意欲闩上门闩，却因忌惮仇士良平日的威严，终究没能成功拦住他。

仇士良慌慌张张跑到含元殿后，跪在唐文宗的面前哭天喊地："启禀皇上，有人要发动兵乱！"

殿上的李训见计划被识破，为了稳住并留下唐文宗，他故意大喊道："快来人保护皇上！"

仇士良也是聪明人，他心里明白，此时谁能控制住唐文宗谁就能把控住局面。于是，仇士良一把抓紧唐文宗，搀扶着唐文宗赶紧上轿："这里太危险了，请陛下速速回宫。"

见此情景，李训也飞奔过来抢夺唐文宗。在一片拉扯下，唐文宗最终还是在宦官的扶持下跑入了后宫。

李训见大势已去，立刻骑马往城外逃去。缓过劲儿的仇士良开始彻查整个事变的关联信息。得知唐文宗也参与了密谋后，仇士良丝毫不顾君臣情面，竟当面呵斥唐文宗。对于参与其中的相关人员，仇士良等宦官对他们进行了惨无人道的大屠杀。一时间，一千多人被杀，鲜血染红了长安城青砖垒起的宫殿。

第七卷　去似朝云无觅处

不愿被宦官牵制的唐文宗，不但没能实现自己夺回皇权的梦想，反而遭到了宦官的幽禁。在极度抑郁愤懑中，这位大唐皇帝没过几年便离开了人世。

这就是发生在唐中后期的重大政治事件，即中国历史上有名的甘露之变，这也是白居易《九年十一月二十一日感事而作》这首诗的创作背景。

宦官专权已到如此地步，连皇帝都成了他们手中的傀儡。白居易对这场事变的直接反应是"庆幸"，正是因为自己全身而退才得以躲避这场灾难。

是的，那个时代里除了争权夺利者死于非命外，还有更多无辜而可怜的小人物被残忍地屠杀，他们甚至从未靠近权力中心。也许，在那样一个混乱的时代中，远离尘世，禅悟净心，在老庄思想和佛法中寻求精神的慰藉，是年老的白居易唯一能做的。

朝随浮云出，夕与飞鸟还。
吾道本迂拙，世途多险艰。
尝闻嵇吕辈，尤悔生疏顽。
巢悟入箕颍，皓知返商颜。
岂唯乐肥遁，聊复祛忧患。
吾亦从此去，终老伊嵩间。

——白居易《晚归香山寺，因咏所怀》（节选）

第四节 一声阿弥陀

当我们回溯白居易和佛教的渊源时，我们会发现其实那已经是很久之前的事了。

贞元十五年（799年），二十八岁的白居易开始追随圣善寺塔院的凝公研习禅法。也许是天性与佛法有缘，短短几年时间，白居易就对佛法经义有了自己深切的理解。

贞元十九年（803年）八月，凝公圆寂，迁化于东都圣善寺塔院。第二年的二月，白居易来到院内，不禁想起了自己曾向大师请教的往事。当时凝公赐给白居易八言：曰观、曰觉、曰定、曰慧、曰明、曰通、曰济、曰舍。

这三四年里，白居易将凝公赐的八言入于耳、贯于心、达于性。白居易念及师父已然离世，师之八言也永远留在了心里。他以一言为一偈作了一篇《八渐偈》："盖欲以发挥师之心教，且明居易不敢失坠也。"

（一）观：以心中眼，观心外相。从何而有，从何而丧？观之又观，则辨真妄。

（二）觉：惟真常在，为妄所蒙。真妄苟辨，觉生其中。不离妄有，而得真空。

（三）定：真若不灭，妄即不起。六根之源，湛如止

第七卷　去似朝云无觅处

水。是为禅定，乃脱生死。

（四）慧：专之以定，定犹有系。济之以慧，慧则无滞。如珠在盘，盘定珠慧。

（五）明：定慧相合，合而后明。照彼万物，物无遁形。如大圆镜，有应无情。

（六）通：慧至乃明，明则不昧。明至乃通，通则无碍。无碍者何，变化自在。

（七）济：通力不常，应念而变。变相非有，随求而见。是大慈悲，以一济万。

（八）舍：众苦既济，大悲亦舍。苦既非真，悲亦是假。是故众生，实无度者。

——白居易《八渐偈》

白居易缓缓登上佛堂，恭敬地在佛像前的蒲团上跪下，他跪着唱完这首偈，含泪而去。每当读到此文时，总能从中看到一个年轻人对佛法的虔诚。"众苦既济，大悲亦舍。苦既非真，悲亦是假。是故众生，实无度者。"这是白居易对佛法的极高悟性。年少与佛法的这段相遇从此伴随白居易一生的成长。

贞元十六年（800年），二十九岁的白居易进士及第。这之后，白居易如愿以偿地走上了大唐的仕途。闲暇之时白居易便寄情山水或与寺院的僧人谈佛论禅。文畅、惟宽、义崇、义修等僧人都是白居易的好朋友，他们在一起参禅悟道，研习佛法。

白居易和惟宽禅师还流传着这样一段故事。

"请问禅师,如何各自修行身、口、意?"

惟宽禅师摇了摇头:"用身修持,是戒律;用口宣讲,是法义;用心实践,是禅义。律即是法,法不离禅。身口意本是合一而修,分开修,岂不谬哉?"

"如此说来,身口意既然没有分别,那为何又要说修心呢?"

惟宽禅师微微一笑:"心,本无损伤,原不必修。说修,乃是要人无论净垢,都勿起念而已。"

"说不起垢念,是对的,念垢则应拂拭。可是,为什么连净念也不能起呢?"

惟宽禅师抬眼看了看天空:"这就好比我们的眼睛,不能沾上沙尘,一沾上就会不舒服。你我也都知道黄金是贵重的东西,可如若这金粉不小心落入人的眼睛,我们是不是也会难受?你现在抬头看看这天空,乌云能遮蔽这片天,白云不也一样能遮蔽这片天吗?"

经惟宽禅师点拨,白居易自觉受益匪浅,他的那颗虔诚之心也久而弥笃。

元和十五年(820年),白居易因上书言宰相武元衡被杀一事被贬为江州司马。仕途的坎坷,命运的多舛,让白居易对生命有了更多思考。在偏僻的九江,白居易也经常独自一人到庙

第七卷　去似朝云无觅处

宇与法演、智满等僧人共修佛法。

曾经遭遇的困惑有了答案，过往漂泊的心灵有了寄托，生命也因此得到了慰藉。此时的白居易更是仿效东晋的高僧慧远，在庐山的东林寺旁与僧人结社于草堂之中。

　　本结菩提香火社，为嫌烦恼电泡身。

　　不须惆怅从师去，先请西方作主人。

　　——白居易《与果上人殁时题此诀别，兼简二林僧社》

"竹鞋葵扇白绡巾，林野为家云是身。"这一路走来，白居易与佛家结缘的故事流传得太多。另一则广为人知的公案便是白居易在杭州任上拜访鸟巢禅师的逸事。

"鸟巢禅师"这名字的来由，颇具趣味。他见秦望山上松枝茂密，便把自己的家安在了树上。正因为他也像鸟儿一样筑巢而居，才有了"鸟巢禅师"的称谓。

白居易一到鸟巢禅师的居所，就听见这棵树随风发出"咯吱咯吱"的声响。白居易再一抬头看，这树已摇摇欲坠，"禅师，你这样住在上面太危险了。"

禅师淡然一笑："白大人，你不知道你的处境比我还要危险吗？"

"弟子乃一州太守，能有什么危险？"白居易满脸疑惑。

禅师缓缓说道："你身居明争暗斗的官场，风雨相交，心识不停，怎么不比我的处境危险？"

白居易一听觉得很有道理,于是说明了自己的来意:"禅师,请问佛法大意到底是什么?"

"诸恶莫作,众善奉行。"

"这么简单?这八个字不是连三岁小孩都知道吗?"

"是啊,即使三岁的孩童都会说,可是八十岁的老翁却未必能做得到啊!"禅师说完,转头望向了远方的山林。

默然许久,白居易细细领悟着禅师所言。随即,白居易作了一偈:"特入空门问苦空,敢将禅事问禅翁。为当梦是浮生事?为复浮生是梦中?"

禅师听后转过身,看着白居易徐徐吟道:"来时无迹去无踪,去与来时事一同。何须更问浮生事,只此浮生是梦中。"

或许,这人生本就是如梦似幻。乱烘烘你方唱罢我登场,反认他乡是故乡。甚荒唐,到头来都是为他人作嫁衣裳。这天地者,万物之逆旅。这光阴者,也是百代之过客。世事沧桑下,漫漫人生路也终不过是匆匆一瞥。既如此,这恢宏的天地间,这微若尘埃的个体生命里,我们又何须人为地去强化这梦与人生的分别呢?

宝历元年(825年),归京后不久,白居易出任苏州刺史。在苏州的这段时间,白居易更是发愿修建了南禅院千佛堂转轮经藏。

这一工程,史书上记载历经八年,花费计缗万。竣工之后，白居易虽然已在相隔千里的洛阳，但他也甚是虔诚地作了篇《苏州南禅院千佛堂转轮经藏石记》。三年之后，白居易更是将自己呕心沥血编纂的《白氏文集》送至千佛堂收藏。

呜呼！凡我国土宰官、支提上首暨摩摩帝辈，得不虔奉而护念之乎？得不保持而增修之乎？

经有缺必补，藏有隙必葺，堂有坏必支。若然者，真佛弟子，得福无量；反是者，非佛弟子，得罪如律。

——白居易《苏州南禅院千佛堂转轮经藏石记》（节选）

"辞章讽咏成千首，心行皈依向一乘。坐倚绳床闲自念，前生应是一诗僧。"禅法心得慢慢成了白居易日常生活的一部分。白居易自号"香山居士"，在家持斋坐禅。晚年的白居易更是在与僧人的问道切磋中向道之心愈发笃厚，白居易也渐渐由早年对禅宗的崇奉转向了对净土的信仰。

大和九年（835年），白居易与长寿寺僧俗百四十人作《画弥勒上生帧赞》、绘弥勒图。在深信弥勒净土的同时，白居易也笃信弥陀净土。

愿当来世，与一切众生同弥勒上生，随慈氏下降，生生劫劫，与慈氏俱，永离生死流，终成无上道。今因老病，重此证明，所以表不忘初心，而必果本愿也。

白居易《画弥勒上生帧记》（节选）

开成五年（840年），身患风痹的白居易舍俸钱三万，让画工按《阿弥陀经》《观无量寿经》画成一巨幅佛画。

画完成后,白居易跪于佛前,每日稽首焚香。白居易又特地作了《画西方帧记》,发愿曰:"极乐世界清净土,无诸恶道及众苦。愿如我身老病者,同生无量寿佛所。"在白居易的心中,极乐世界的清净佛土是没有三恶道、没有众生烦恼的,疾病缠身的白居易多么渴盼往生到无量寿佛净土。

会昌二年(842年),白居易作《六赞偈》,分别为:《赞佛偈》《赞法偈》《赞僧偈》《众生偈》《忏悔偈》《发愿偈》。

无论是白居易赞颂的功德,还是他劝诫众生广种善根,发愿成就佛果,我们都能从中看到白居易对佛教虔诚的信仰、对佛教义理透彻的理解,还有白居易那颗将佛法传扬光大的愿心。

而说到白居易的愿心和愿力,我们就不得不提起会昌四年(844年)的那件逸闻。

这年,白居易已七十三岁。在一个大雪纷飞的隆冬深夜里,睡梦里的白居易连着好几天听到哭声。这哭声从四面八方隐隐约约传来,那么哀伤悲切。这日临近清晨,白居易又从睡梦中惊醒过来。百思不得其解的他带着家仆,决定去到梦中的哭喊之地一探究竟。

他们走啊走啊,不觉竟走到了伊河的八节险滩。为什么称其为"八节险滩"?白居易定睛一看,原来这八节滩七拐八弯,像极了一条八节巨蟒盘踞在河面上。再看这河水,水流湍急,

第七卷 去似朝云无觅处

乱石穿空；滩上怪石嶙峋，险象环生。

正在白居易凝神时，一支船队正好顺急流而下。眼看船就要撞到滩头的石头上，船上的艄工们纷纷跳入冰冷刺骨的寒水中，用尽全身力气拖住船身。可在这大风浪的席卷下，前行的船最终还是撞到了峭石之上，顷刻间撞得粉碎。艄工们的泪水和河水交融在了一起，一片呼天喊地的哭叫声在周遭回旋飘荡。

也许是老天爷不忍一次次看到这样的悲伤，鹅毛般的大雪从天空纷纷扬扬飘下。出于对白居易身体的考虑，家仆赶紧拉着白居易往回走。可"执拗"的白居易还是等到河里的艄工全部被救上岸后才放心地离开。

由于这次在冰天雪地里站立太久，白居易的双腿被冻伤，只得回家躺着，休息了好几天才恢复。

在卧床养病的几日里，回旋在白居易脑海里的还是艄公的悲苦。经过几日的慎重思索，白居易决定疏浚河道以保障艄公的安全。

待病情稍微好转，白居易便开始动员香山寺里所有的僧众、洛阳城内所有的富绅筹集资金。看着白居易年老体衰还如此为百姓着想，所有人都感动落泪。

经过两年的筹措，白居易终于筹齐了开凿八节滩的经费。在白居易的亲自引领下，所有人经过一个冬天的辛苦劳作，终于凿平了陡峭的山石，疏通了险峻的河道。

七十三翁旦暮身，誓开险路作通津。

夜舟过此无倾覆，朝胫从今免苦辛。

十里叱滩变河汉，八寒阴狱化阳春。

我身虽殁心长在，暗施慈悲与后人。

——白居易《开龙门八节滩诗·其二》

学佛法行仁事，白居易以自己的仁厚宅心，修持着自己的信仰："今年登七十，老矣病矣，与来世相去甚迩，故作六偈，跪唱于佛法僧前，欲以起因发缘，为来世张本也。"

会昌五年（845年），在生命即将结束的前一年，白居易把自己续编的七十五卷本《白氏文集》，由家人分抄五本，除了两本分别给侄子龟郎、外孙谈阁童，其余三本分别藏在了庐山东林寺经藏院、苏州南禅寺经藏、东都圣善寺钵塔院律库楼内。

时人疑惑白居易为何要这样做，他是这样回答的："乐天，佛弟子也。备闻圣教，深信因果，惧结来业，悟知前非。""夫惟悉索弊文归依三藏者，其意云何？且有本愿，愿以今生世俗文字，放言绮语之因，转为将来世世赞佛乘、转法轮之缘也。"

一千年后，当我再次吟唱起白居易的《念佛偈》，眼前总会浮现出那个虔诚的诗人白居易。他外以儒行修其身，内以释教治其心，旁以山水风月、歌诗琴酒乐其志。

余年七十一，不复事吟哦。

看经费眼力，作福畏奔波。

何以度心眼，一声阿弥陀。

行也阿弥陀，坐也阿弥陀。

纵饶忙似箭，不废阿弥陀。

日暮而途远，吾生已蹉跎。

日夕清净心，但念阿弥陀。

达人应笑我，多却阿弥陀。

达又作么生，不达又如何？

普劝法界众，同念阿弥陀。

——白居易《念佛偈》（节选）

第五节　好歌亦好酒

唐文宗开成四年（839年），已满六十八岁的白居易患上了半身不遂的风疾。晚年的白居易做出了"卖马放妓"的决定，即将陪伴自己五年的高大骏马送到集市卖掉，白居易更多的是依依不舍。

五年花下醉骑行，临卖回头嘶一声。

项籍顾骓犹解叹，乐天别骆岂无情。

——白居易《卖骆马》

白居易说，在长达五年的时间内，这匹马陪伴自己四处游历，或是赏花饮酒，或是吟诗聚会，如今人马将要分离，它也忍不住回头长嘶一声。

从诗中，我们仿佛又看到了那个多情的白乐天。"项籍顾骓犹解叹，乐天别骆岂无情"，马儿啊马儿，我并非那不念旧情的人啊，只是像当年的霸王和乌骓一样，你我都处在这生死离别的紧要关头呀！

卖马之外，晚年的白居易还有一个无奈之痛便是放妓。他将妙龄的歌伎樊素、小蛮等人遣散，让她们另寻好人家作为归宿。

虽然樊素和小蛮是两位身份低微的歌伎，但是因为白居易，她们二位在中国诗歌史上留下了浓墨重彩的一笔。这些与她们有关的诗篇在一定程度上影响了中国人千年以来对女性的审美。

樱桃樊素口，杨柳小蛮腰。

黛青描画眉，凝脂若雪肤。

回眸一笑过，倾国倾人城。

——孟棨《本事诗·事感》

尽管晚年的白居易习佛打禅——"达人应笑我，多却阿弥陀"，可每每谈起白居易的晚年，这些也都成了人们探讨他时永远绕不开的话题。

小庭亦有月，小院亦有花。

可怜好风景，不解嫌贫家。

第七卷　去似朝云无觅处

菱角执笙簧，谷儿抹琵琶。
红绡信手舞，紫绡随意歌。
村歌与社舞，客哂主人夸。
但问乐不乐，岂在钟鼓多。
客告暮将归，主称日未斜。
请客稍深酌，愿见朱颜酡。
客知主意厚，分数随口加。
堂上烛未秉，座中冠已峨。
左顾短红袖，右命小青娥。
长跪谢贵客，蓬门劳见过。
客散有余兴，醉卧独吟哦。
幕天而席地，谁奈刘伶何。

——白居易《咏兴五首·小庭亦有月》

钱易在《南部新书》中记载，白居易任杭州刺史时蓄养了很多妓女，去洛阳后将妓女也带去了，可后来又将她们遣送回来。呼来唤去，根本不把她们当回事。

常言道："永远不要轻易地评价任何一个人，因为你没有经历他的人生，你又有什么资格去谈论感同身受？"当我们要对一位古人展开评述时，我们不能把他和他所处的时代和生活背景割裂开来。

如果我们要谈论白居易"晚节不保"的话题，就不得不先了解一下唐朝的宴饮之风。

在唐朝，随着科举制度的日趋完善，更多来自各个阶层的读书人通过科考完成了士大夫身份的转变。随着士大夫中的新兴阶级与浮华放浪的公卿子弟混同濡染，文人习气的相互融合，他们的生活旨趣也渐渐趋同。

唐代宫廷宴饮因举行场地的不同，大致可分为内廷宴饮和外廷宴饮。前者主要在皇室成员内部进行，是皇家日常生活的一部分，往往轻松愉快，有娱乐、增进亲情的作用；后者则形式感更强，简单说是皇帝的工作餐，但极度奢华、极度铺排，通常规模更宏大、内容更丰富、影响更广泛。

宫廷宴饮的主要类型有节日宴会、皇帝游宴、皇家寿宴、庆功宴、朝会及伴随祭祀活动而举行的宴会、宫廷内宴、皇帝为任命的外官所举行的饯行宴、皇帝迎接外蕃的宴会等。

宫廷宴饮中主要的佐乐活动有行酒令、乐舞表演等，这些活动不仅有效地调节宫廷宴饮气氛，更丰富唐代宫廷宴饮的文化内涵。

围绕着宫廷宴饮的活动也丰富多彩。唐代是诗歌的鼎盛时期，也是宫廷宴饮的鼎盛时期，作为两者相结合的宫廷宴饮诗自然欣欣向荣。尤其在初唐时期，以帝王为中心的宴集赋诗极为盛行，有记录的太宗朝君臣唱和有近百次。唐中宗和武则天亦特别喜欢宫廷宴饮及留诗助兴。

第七卷　去似朝云无觅处

唐代宫廷特别重视音乐和舞蹈对宴会的调节作用，以歌舞助兴是唐时重要的酒俗之一。随着唐代宴饮之风兴起，宴会自然少不了歌舞助兴。在饮酒品茗间吟咏诗歌，间以歌舞乐相伴，成了文人阶层的爱好，也成了其生活中必不可少的一部分。

与之相应的是，春秋时管仲设立的女闾发展到唐代，演变成制度且日趋细化。唐代的歌女都经过专门的文化艺术训练，她们擅长声乐、舞蹈、乐器，抑或吟咏诗歌。

开成四年（839年），六十八岁的白居易不幸患上中风。在感叹自己的生命即将走到尽头的时候，白居易便想着把跟随自己的老马卖掉，也把身边的歌女一起遣散。这样，她们也能趁着青春年华寻个好人家。

抛却红颜，多情的白居易自然也是满含惆怅。同样，对白居易一往情深的樊素和小蛮也不忍离开。

白居易唤她们来到自己的病榻前，几番落泪后还是忍痛劝她们离开。梨花带雨的樊素和小蛮终是不舍道："主人，那匹马跟随您才五年，您现在要把它卖掉，它都哀叫着不忍离去。更何况我们呢？我们和您相伴了十多年啊！马有情，人有情，难道您对我们这么无情吗？"

听闻此言，白居易老泪纵横，他长长地叹了一口气，只得暂时打消这个念头。

两枝杨柳小楼中，袅袅多年伴醉翁。

明日放归归去后，世间应不要春风。

——白居易《病中诗十五首·别柳枝》

留下来的樊素和小蛮又陪伴了白居易一些日子。数月之后，深情的白居易为了她们的前途着想，终究还是将她们劝离。

回想起曾经相伴的岁月，白居易思绪万千。曾经的十亩之宅、五亩之园，宛如一方世外桃源。那里有一池水，那里有千竿竹。那里有堂有亭，那里有桥有船。曾经在诗书相伴的美酒里，在琴瑟相随的歌声中，须发尽白的白居易飘然其中。

一树春风千万枝，嫩于金色软于丝。

永丰西角荒园里，尽日无人属阿谁？

——白居易《杨柳枝词》

第六节　诗名满天下

"唐人""唐姓""唐衣""唐船"……当我们在世界的任何角落听到这样的称呼时，内心深处总会油然而生出一份民族的自豪感。

在那个时代，唐朝以其无与伦比的政治、经济和文化实力影响着海外诸国。直到它之后的宋、元、明，海外诸国都一直

第七卷　去似朝云无觅处

把中国或与中国相关的事物称之为"唐"。于后世千秋万代，家家户户的窗台上都有大唐的明月朗照着。而在有唐一朝，它更是吸引着每一个中华文明的仰慕者。

从唐太宗开创贞观之治到唐玄宗开辟开元盛世，大唐的盛世气象引来了远近各国的仰慕。他们纷纷派遣大量使者，来到唐朝学习，走进长安生活。

与中国一衣带水的日本从贞观五年（631年）到开成三年（838年）的两百多年间，派出遣唐使竟达十三次之多。

在遣唐使之外，日本国内的大批学生和僧侣也申请来唐朝参观学习。他们有的留在了中国，如饥似渴地汲取着唐朝的文明养分；有的回到了日本，将自己在唐朝的所见所学运用到本国的社会发展之中。

开元四年（716年），在日本派出的遣唐使中，两个年轻人成了中日文化往来中的重要人物。他们就是历史上著名的阿倍仲麻吕和吉备真备。

那年，阿倍仲麻吕才十九岁，而吉备真备也不过二十二岁。来到梦中的长安后，他们二人开始系统地学习儒家经典文化。之后，他们也像大唐学子一样参加朝廷的科考。

阿倍仲麻吕以优异的成绩考中了进士，得以留在朝廷为官，辅佐太子学习。入乡随俗的他还给自己起了个中文名字——"晁衡"。阿倍仲麻吕喜欢传统的四书五经，尤其痴迷于唐诗。在探究唐诗的过程中，阿倍仲麻吕也和李白、王维成了一生的挚友。

性格较为安静的吉备真备则把更多的精力和心思放到了钻研学问上。

在唐朝学习了十六年之后，两个曾经意气风发的少年也已人到中年，他们内心深处的思乡之情愈来愈强烈。他们不止一次向唐玄宗表达了想要回国的愿望，唐玄宗最终同意吉备真备回国。阿倍仲麻吕则因为在朝为官，还是被留了下来。

天宝十一年（752年），这一年已是遣唐使第十一次来到长安了。问及日本国内的双亲，阿倍仲麻吕悲痛难忍，他再次恳求唐玄宗允许他回乡探望年迈的父母。望着年近六旬的阿倍仲麻吕，于心不忍的唐玄宗同意了他的请求。

可令所有人都没想到的是，阿倍仲麻吕的船在海上遇到大风暴，被吹到了越南海岸。绝大多数船员惨遭屠杀，只有阿倍仲麻吕等几人侥幸逃了出来。

听闻船遭海难，以为好友遇难的李白大哭了一场，挥笔写了一首《哭晁卿衡》："日本晁卿辞帝都，征帆一片绕蓬壶。明月不归沉碧海，白云愁色满苍梧。"幸运的是，躲过劫难的阿倍仲麻吕历尽千辛万苦又回到了长安。自此，他一直生活在唐都长安，一直到大历五年（770年）安然离世。

史学家研究发现，一批批遣唐使抑或日本留学生将自己的所学所闻，或直接或间接地带回日本国内。唐王朝先进的政

第七卷　去似朝云无觅处

治经济和文化制度促进了日本社会的进一步发展。日本后期的"大化改新",其实就是唐代文化对日本政治经济深刻影响的结果。在这一文化输出中,唐诗也因为其独特的艺术魅力风靡日本。

而要论起哪位唐代诗人在日本最受喜爱,非白居易莫属。在当时的日本,上至天皇下至普通民众,每个日本人都把能读到白居易的诗视为自己毕生的荣耀。就连公元809年即位的嵯峨天皇,还因自己能珍藏一本罕有的《白氏文集》而开心不已。

朝堂之上,嵯峨天皇每每和大臣们交流,涉及更多的也是诗歌创作方面。为了让皇子们更好地学习白居易的诗文,天皇还专门在宫廷里设置了《白氏文集》侍读官。白居易的诗文成为天皇后代学习的必修课。

一日,为了考验大臣们的诗歌创作水平,天皇问道:"我最近作了两句诗,大家听听如何?'闭阁只听朝暮鼓,上楼遥望往来船'。"

一旁的侍臣小野篁正好读过这首诗,他知道这是白居易的诗。于是,小野篁叩头道:"天皇的诗真是风轻雅淡,依微臣浅见,莫不如将'遥'字改成'空',就更美了。"

天皇一听,激动得拍掌大笑:"小野篁的诗味真是渐长啊,这两句诗其实是白乐天的。白乐天原本就是用的'空'而非'遥',刚刚是在考验大家。来人,重赏小野篁!"

从嵯峨天皇到之后的醍醐天皇,整个日本平安时期,君臣们都将白居易的诗视为至宝珍藏、学习。在这期间,还有一个人对推广白居易的诗起了重要作用。他便是在日本国内享有盛誉,被称为"学问之神"的菅原道真。

菅原道真十八岁少年成名,得到宇多天皇、醍醐天皇的信任和重用,继而在仕途上一路升迁,其后却惨遭奸臣进谗言害,被贬偏远之所。

菅原道真前期的这番人生经历倒和白居易有些许相似。同样的人生境遇给了他们同样的情感体悟,菅原道真也在白居易的诗歌里找到了精神的慰藉。之后,菅原道真也开始模仿白居易的诗风进行创作,表达自己心中的所感所悟。

何人寒气早,寒早走还人。

案户无新口,寻名占旧身。

地毛乡土瘠,天骨去来贫。

不以慈悲繁,浮逃定可频。

——菅原道真《寒早十首·其一》

无论是从诗歌的境界还是从其所要阐发的意蕴上,与白诗相比,菅原道真的力道还相去甚远。但从诗歌结构上来说,菅原道真无疑是成功的。因此,菅原道真的诗在日本大受欢迎,白居易的诗更是被推到无人能及的地步。

同时代的另一位日本著名诗人岛田忠臣,更是直接向外界

第七卷 去似朝云无觅处

宣称白居易的诗于他而言是"诗媒"(诗歌的媒介),他所有的写诗灵感都来自白居易。

坐吟卧咏玩诗媒,除却白家余不能。

应是戊申年有子,付于文集海东来。

——岛田忠臣《吟白舍人诗》

随着这些日本诗人在日本国内影响的扩大,更多的日本文人也在自己的文学作品中借鉴抑或模仿白居易的诗文。

日本文人大沼枕山更是借鉴了白居易新乐府诗歌的深邃思想,学着白居易在诗歌中借物喻人、以景抒情。描写平安时代一场风流韵事的《枕草子》,细细一读,里面全都是大唐的影子。里面的王公贵族抑或普通文人大抵也是白居易诗文的追随者。作为开创日本文学新时代的代表作,《源氏物语》里竟有一百多处援引白居易的诗歌。

白居易用中华文化的瑰宝——唐诗影响了一代又一代日本民众的文化生活。至今,在洛阳白居易的墓碑上还留有日本民众对他的深深缅怀:"伟大的诗人白居易先生,您是日本文化的恩人,您是日本举国敬仰的文学家,您对日本之贡献,恩重如山,万古流芳,吾辈永志不忘。"

忆龟山,龟山久往还。

南溪夜雨花开后,西岭秋风叶落间。

岂不忆龟山!

忆龟山，龟山日月闲。

冲山清景玫关远，要路红尘毁誉班。

岂不忆龟山。

——兼明亲王仿白居易《忆江南》作《忆龟山》

第七节 人间事了人

大和九年（835年），六十四岁的白居易升任太子少傅。从当年默默无闻的一介书生到官居二品的朝中大员，白居易终于实现了读书人梦寐以求的愿望。只是此时的他已无心于宦官之斗，无力于朝臣之争。

会昌元年（841年），辞去太子少傅一职的白居易终于远离政治旋涡，过上了闲云野鹤般的惬意生活。有人说他清高旷达，有人说他颓放风流，可白居易统统不放在心上。他早起或因携酒出，晚归多是看花回。

古人云："人生七十古来稀。"孔老夫子更是说："七十从心所欲，不逾矩。"当白居易步入七十岁，身体已大不如前，也早已看透人情冷暖、世事沧桑。

会昌二年（842年），七十一岁的白居易再次做出自己的抉择：结束自己四十九年的为官生涯，定居香山寺中，闲看世间

第七卷　去似朝云无觅处

花开花落，漫随天边云卷云舒。

　　　　长告今朝满十旬，从兹萧洒便终身。
　　　　老嫌手重抛牙笏，病喜头轻换角巾。
　　　　疏傅不朝悬组绶，尚平无累毕婚姻。
　　　　人言世事何时了，我是人间事了人。

　　　　　　——白居易《百日假满，少傅官停，自喜言怀》

四年后的会昌六年（846年）八月，洛阳香山的红叶还未开满山野，悠远绵长的佛门钟声还在耳畔，七十五岁的白居易安详地走完了他的一生。

宋超先生说："纵观白居易的人生轨迹，不妨以四季来比喻他人生的四个阶段。少年符离苦节读书，有着野草春风般的强韧。壮年任职长安，痛陈时弊，毫不畏惧，如同夏日盛阳灼热。中年贬官外任江南，乐天闲适，恰是气佳景清，秋光闲步。晚年居洛崇佛信道，在寒冬时守护着生命的烛火。人们常说白居易经历了从早年兼济天下到晚年独善其身的转变。白居易生前多次自编文集，将自家的诗分为四类，并收于寺庙，正是将'平生所慕所感、所得所丧、所经所遇所通，一事一物已上，布在文集中，开卷而尽可知也'。他将自己的矛盾如实地记录在诗文之中，又何尝不是一种坦荡与勇气。"

十二月初六，按照白居易生前的遗愿，他被安葬在洛阳龙门的东山、双塔北的琵琶峰。闻讯赶来的百姓无不痛哭流涕，前来吊唁的亲朋好友无不涕泗横流。作为白居易的生前好友，李商隐回顾了白居易坎坷跌宕的一生，含泪撰写了白居易的墓志铭。

  公之世先，用谈说闻。肃代代优，布踪河南。阴德未校，公有弟昆。本跋不摇，乃果敷舒。匪骼匪臑，噫其醇脬。于乡洎邦，取用不穷。天子见之，层陛玉堂。

  征征其中，上汰唐禹。帝为辇留，续绪襞缕。岁终当迁，户曹是取。眸白其华，皭不痕缁。用从弃遣，至道天子。

  畴谁与伍，率中道止。纳笔摄麾，绰三郡理。既去刑部，倏东其居。大尹河南，翦其暴遹。君有三辅，臣有田亩。臣衰君强，谢不堪守。翊翊申申，君子之文。不僭不怒，惟君子武。

  君子既贞，两有其矩。孰永厥家？曾祖之弟。坤柄巽绳，以就大计。匪哲则知，亦有教诏。益衰其收，握莠而导。刻诗于碑，以报百世。公老于东，遂葬其地。

  ——李商隐《刑部尚书致仕赠尚书右仆射太原白公墓碑铭并序》（节选）

  同在这一年，因长期服用长生不老丹药，唐武宗于大明宫驾崩。宦官马元贽等人立即拥立李忱登基为帝，史称"唐宣宗"。唐宣宗继位，开始了整顿吏治的一系列改革。

  勤于政事的唐宣宗明察沉断，从谏如流。这日，在考虑宰

第七卷　去似朝云无觅处

相的人选时，唐宣宗忽然想到了白居易。就在唐宣宗要下令草拟诏书任白居易为相时，身旁的侍卫忙小声奏报唐宣宗："白居易已于八月在洛阳去世。"

听罢，唐宣宗先是一惊，继而长长地叹了一口气。在感叹人才不能为己所用时，唐宣宗挥笔写下对白居易的悼念。一国之君写诗悼念一位诗人，实属罕见。如果白居易泉下有知的话，他也许会为有唐宣宗这样的知己而淡然一笑吧！

缀玉联珠六十年，谁教冥路作诗仙？
浮云不系名居易，造化无为字乐天。
童子解吟长恨曲，胡儿能唱琵琶篇。
文章已满行人耳，一度思卿一怆然。

——李忱《吊白居易》

结　语

"酒狂又引诗魔发，日午悲吟到日西"，轻吟着白居易的这句诗，我竟不知不觉地跟着走了一趟白居易的人生之路：他以儒修其身，以释治其心，旁以山水风月、歌诗琴酒乐其志……

当一个人变成一位艺术家之后，他的身上便被赋予太多的传奇，白居易自然也不例外。在绚烂多姿的唐代历史画卷上，在后世无数传奇演绎中，白居易始终熠熠生辉。可每每读到被"雕饰"过的白居易，我总是对那个归于历史深处的平淡白乐天更加着迷。

诗者，天地之心也。在如今多元化的世界格局下，中国传统文化引领世界潮流，我们都在为实现中华民族的伟大复兴而不懈努力。"幸甚至哉，歌以咏志"，搁笔的此刻，我想起了知己相伴时的围炉夜话。我们同饮一杯酒，重回公元772年的大唐。

这一年，是唐大历七年。这一年，安史之乱结束已八年有余，可统治阶级内部仍然矛盾重重，藩镇割据、宦官专权，依旧纷争不断。这一年的秋天，路过东都洛阳的草书大家怀素拜访了楷书大家颜真卿，僧儒论书，一时传为书坛佳话。这一年，时任徐州别驾的白季庚处理完烦冗的政事也甚是开心，因为妻子陈氏又给白家喜添了一名男丁……

附录　白居易年谱

唐代宗大历元年至大历十四年（766年—779年）

772年，白居易生于郑州新郑县东郭宅。六七月，默识"之""无"二字。

773年，两岁。五月三日，祖父白锽卒于长安，年六十八。

776年，五岁。始学诗，弟白行简生。

777年，六岁。六月，祖母薛氏卒于新郑，年七十。

778年，七岁。正月，回纥入侵太原。

779年，八岁。元稹生。五月，唐代宗卒，唐德宗即位。

唐德宗建中元年至唐顺宗贞元二十一年（780年—805年）

780年，九岁，识声韵。父白季庚授徐州彭城县令

781年，十岁。父白季庚守徐州有功，授徐州别驾。

782年，十一岁。寄家符离。四月，朱滔叛乱。六月，王武俊叛乱。十月，李希烈叛乱。

783年，十二岁。逃难于越中。十月，唐德宗逃往奉天，朱泚在长安称帝。十二月，李希烈陷汴州。

784年，十三岁。弟白幼美生。六月，朱泚败走被杀。七月，唐德宗返长安。

785年，十四岁。父季庚加检校大理少卿，依前徐州别驾，仍知州事。正月，改元。

786年,十五岁。旅居苏、杭。四月,李希烈为部将所杀,各地战乱暂息。

788年,十七岁。父白季庚任满,改除大理少卿、衢州别驾。白居易从父到衢州。

790年,十九岁。吐蕃陷安西。

791年,二十岁。回符离,父白季庚除襄州别驾。

792年,二十一岁。弟幼美夭亡。

793年,二十二岁。十五岁元稹明经登第,二十二岁刘禹锡进士登第。

794年,二十三岁。五月,父白季庚卒于官舍,年六十六。

797年,二十六岁。为父守丧三年期满。

798年,二十七岁。家移至洛阳。

799年,二十八岁。秋,往长安应进士试。在宣州与杨虞卿相识。

800年,二十九岁。二月,以第四名及第,十七人中最少年。九月到符离,外祖母陈氏卒。

802年,三十一岁。冬,试书判拔萃科,元、白相交。

803年,三十二岁。春,以书判拔萃科登第,与元稹同授校书郎。

804年,三十三岁。春,游洛阳,有《八渐偈》等诗作。

805年,三十四岁。正月,唐德宗卒,唐顺宗李诵即位。

唐宪宗元和元年至元和十五年(806年—820年)

806年，三十五岁。罢校书郎。与元稹写成《策林》七十五篇。九月，元稹母卒，丁忧服丧。十二月，与陈鸿、王质夫同游仙游寺，作《长恨歌》。

807年，三十六岁。十一月入翰林院，为翰林学士。弟白行简进士登第。

808年，三十七岁。除左拾遗，与杨虞卿从妹杨氏结婚。

809年，三十八岁。女金銮子生。

810年，三十九岁。五月，自请改官京兆府户曹参军。

811年，四十岁。四月，母陈氏卒，年五十七。十月，女金銮子夭折。

812年，四十一岁。元稹自编成诗集二十卷。李商隐生。

813年，四十二岁。行简子龟儿生。

814年，四十三岁。冬，诏授太子左赞善大夫，入朝居长安。

815年，四十四岁。六月，因言宰相武元衡被杀之事被贬江州司马。与元稹书，畅论诗歌应以揭露民生疾苦为主旨。

816年，四十五岁。二月，赴庐山，游东林、西林寺。秋，作《琵琶行》。女阿罗生。

817年，四十六岁。三月底，居新宅庐山草堂。闰五月，兄幼文卒。

818年，四十七岁。十二月，代李景俭为忠州刺史。

820年，四十九岁。五月，元稹为祠部郎中、知制诰。正月二十七日，唐宪宗服金丹暴卒，传为宦官陈弘志所毒杀。太子李恒继穆宗位。

唐穆宗长庆元年至长庆四年（821年—824年）

821年，五十岁。十月，转中书舍人。牛李党争开启，倾轧四十余年。

822年，五十一岁。七月，自中书舍人除杭州刺史。

823年，五十二岁。十月，编成《元氏长庆集》。

824年，五十三岁。修钱塘湖堤，浚城中六井。五月，除太子左庶子分司东都，月末离杭。冬，元稹编成《白氏长庆集》五十卷并作序。正月，唐穆宗服金石药卒，太子李湛即位。

唐敬宗宝历元年至宝历二年（825年—826年）

825年，五十四岁。三月四日，除苏州刺史。

826年，五十五岁。二月，落马伤足，卧月余。九月初，假满罢官。十二月，宦官刘克明等弑唐敬宗，立绛王李悟。

唐文宗太和元年至开成五年（827年—840年）

827年，五十六岁。三月，征为秘书监，赐金紫。

828年，五十七岁。续编五卷《后集》，作《白氏长庆集》后序。

829年，五十八岁。三月末，罢刑部侍郎，以太子宾客分司东都。冬，子阿崔出生。

830年，五十九岁。为太子宾客居洛阳。

831年，六十岁。子阿崔夭，七月，元稹卒于武昌任所。

832年，六十一岁。七月，元稹归葬咸阳，为元稹撰墓志铭。

833年，六十二岁。四月，再授太子宾客分司东都。

835年，六十四岁。十月，改授太子少傅分司东都。十一月，感甘露之变赋诗。冬，女阿罗嫁谈弘谟。同年，自编《白氏文集》六十卷。

836年，六十五岁。自编《白氏文集》六十五卷，藏于东都圣善寺。

838年，六十七岁。三月，游龙门香山寺，作《醉吟先生传》。

839年，六十八岁。二月，以诗文三千四百八十七篇，《白氏文集》六十七卷，藏于苏州南禅院。

840年，六十九岁。十一月，自编《洛中集》十卷，藏于香山寺。正月，文宗卒。仇士良杀太子立太弟。

唐武宗会昌元年至会昌六年（841年—846年）

842年，七十一岁。《白氏文集》七十卷成。

844年，七十三岁。施家产，开龙门八节石滩。九月迁户部侍郎，知制诰，依前充。

845年，七十四岁。《白氏文集》七十五卷编成，凡诗文三千八百四十首。

846年，七十五岁。十一月，葬龙门香山如满法师塔之侧。唐宣宗作诗吊唁。三月，唐武宗卒，立皇太叔李忱为唐宣宗。